股权设计丛书
Equity Design Series

股权十大败局

宋桂明 编著

杭州 | 浙江工商大学出版社
ZHEJIANG GONGSHANG UNIVERSITY PRESS

图书在版编目(CIP)数据

股权十大败局 / 宋桂明编著. —杭州:浙江工商大学出版社, 2019.1

ISBN 978-7-5178-0319-5

Ⅰ. ①股… Ⅱ. ①宋… Ⅲ. ①股权管理—案例 Ⅳ. ①F271.2

中国版本图书馆 CIP 数据核字(2018)第221614号

股权十大败局

GUQUAN SHIDA BAIJU

宋桂明 编著

出 品 人 鲍观明
策划编辑 王 英 罗丁瑞
责任编辑 王 英
封面设计 王好弛
责任印制 包建辉
出版发行 浙江工商大学出版社
(杭州市教工路198号 邮政编码310012)
(E-mail:zjgsupress@163.com)
(网址:http://www.zjgsupress.com)
电话:0571-88904980,88831806(传真)
排 版 杭州朝曦图文设计有限公司
印 刷 杭州五象印务有限公司
开 本 880mm×1230mm 1/32
印 张 11.375
字 数 182千
版 印 次 2019年1月第1版 2019年1月第1次印刷
书 号 ISBN 978-7-5178-0319-5
定 价 68.00元

谁是股权设计的高手

——序宋桂明律师新作《股权十大败局》

人生有许多缘分，其中同名之缘更是一种特殊而美好的缘分。本书作者宋桂明与我之间不仅存有一种不解的律师之缘，更拥有一种天然的同名之缘。

初识本书作者宋桂明，还是在杭州律师论坛上。因为同名之缘，我们相互之间就自然而然地握手相识了。

此时，我已经了解到，宋桂明律师早就是一位名声在外的专业律师。近年来，他专注于公司股权设计领域，致力于打造企业股权设计法律服务的专业品牌。为此，在公司股权设计、企业股权激励、企业并购重组、公司治理与风险防控等方面，独有建树、多有佳绩。为此，宋桂明律师获得了杭州市十大律师先锋之"新锐律师"的称号。既然是新锐律师，就更加值得关注和期待。

最近，宋桂明律师将其关于股权设计研究与思考的新作《股权十大败局》送到了我的案头。于是，我就成了本书的第一批读者。同时，我还应宋桂明律师之邀请，成了本书的序者。

通过阅读，我看到这是一部讲股权风波的故事书。所谓故事，就是案例。可以说，本书目录中每一个标题都是一个故事，章节中每一个主题都有案例。被宋桂明律师收入本书的案例，可谓各有特色、各具深意。其中既有令人惋惜的真功夫内斗，也有让人欣慰的海底捞协议，还有“引狼入室”的俏江南最后“净身出户”，更有被誉为“超级合伙人”的阿里巴巴如何与投资人共存共赢……总之，出现在本书的所有近40个案例，都曾经是媒体报道的热播事件，都必然是社会关注的热门话题，都应该是法律聚焦的热点现象。这些案例或长或短、或大或小，都体现了从创业容易到创新艰难的哲理；这些故事或远或近、或前或后，都表现了从权利分配到利益分享的情理；这些风波或深或浅、或多或少，都彰显了从股权设计到风险防控的法理。从这个意义上来说，我们可以将本书当成一部故事书来读，读来惊奇、读来警醒、读来深思……

通过细读，我发现这是一部讲股权风光的设计书。这部书名为《股权十大败局》的新书告诉我们，全书其实不仅仅是讲故事，也不仅仅是说案例，更不仅仅是因为好奇或猎奇而披露近年来发生的股权纠纷案件。通过本书的案例，我们既可以看到“群龙无首”之下的实际控制人缺位，也可以看到“引狼入室”之后的共存共赢机制缺失，还可以看到“小股称霸”之中的表决权缺席，更可以看到“论资入股”的技术出资缺点。诸如此类的问题，自然会成为股权隐患，必然会导致股权纠纷，当然会形成股权败局。只有真正发现这些问题或者说有效解决这些难题，才能真正实现股权风光的美好愿景。这一切都取决于专业人士的指点迷津，更直白地说，就是取决于专业律师的锦囊妙计。本书就是这样一部对股权投资进行指点迷津的设计书，也是一部对股权激励提供锦囊妙计的设计书，更是一部对股权结构实现逢凶化吉的设计书。

通过深读，我认为这是一部讲股权风险的专业书。一个企业家的成功，许多人看到的只是他的拼搏精神和智慧才能，而专业律师看到的却是他的市场眼光和风险意识。一家企业的成就，许多人看到的只是其闻名产品和知名品牌，而专业律师看到的则是其风险管理和风险防控。风光的背后就是风险，风险的防控就是风光。本书正是这样一部分析股权风波、描绘股权风光、防控股权风险的专业书。在本书中，宋桂明律师从实际控制人缺位、小股设置机制缺位、股权整体结构性布局缺位等十个方面，展开入情入理的分析，展现精致精准的设计，展示到位到家的提示。所以，在本书的每一个章节，都有“导言”这样对路的专业建构，都有“小贴士”这样温馨的专业建言，都有“破局之道”这样全面的专业建议。

本书的最大亮点在最后，也就是题为“帐下无师——法律风险识别缺位”的第十章。可以说，这也是本书的重点。宋桂明律师在这里特别强调了“法律风险识别缺位”带来的法律责任和法律后果。正如宋桂明律师所言，不懂法、不守法、不用法，就是最大的法律风险。如何发现风险，怎样化解风险，更重要的是，如何防控风险，正是宋桂明律师这样的专业人士大有可为、大有作为的用武之地。

作为杭州市重点工作普法宣讲团成员，宋桂明律师这些年来深耕公司股权设计领域，将法律思维与管理方法结合，用老庄哲学演绎科学与艺术交汇的华章。可以说，这是一种深入浅出的普法，也是通俗易懂的普法，更是一种事半功倍的普法。值得一提的是，宋桂明律师还将他带领的三道律师事务所整所人马，全部投入为企业提供以股权设计领域开端的全套法律服务工作之中。通过长期而艰苦的市场摸底与探索实践，他们最终一起研发了“二十八步”股权法律服务产品。

由此，我们读到了宋桂明律师这部关于股权设计丛书的开篇之作。如此优秀的开篇，如此良好的开端，如此闪亮的开场，足以让我们对宋桂明律师及其三道律师事务所所投入的股权设计研究，充满美好的期待和希望。

从三道律师事务所的所名来历“三生万物、道法自然”，可见其寓意深刻而丰富。其实，股权设计领域也是这样，道法自然就是最好的境界。

在我看来，专业律师既是化解股权风波的快手，也是描绘股权风光的好手，更是防控股权风险的能手。总而言之，律师就是股权设计的高手。

这是我对本书的立论，更是我对本书的结论。

拉拉杂杂，是以为序。

刘桂明

2018年11月1日于北京皂君庙

（注：本文作者为中国法学会《民主与法制》周刊总编辑、高级编辑，兼任中国法学会律师法学研究会副会长、中国法学会法律文书学研究会副会长）

自 序

时势造英雄，而中国从来不缺英雄。当今时代之下，马云、任正非、马化腾、李彦宏、雷军、刘强东……每一个名字背后都是一段传奇的创业故事，激励着人们不断地投身于创业的浪潮。随着创业大军的不断壮大，由创业引发的各类矛盾与纠纷也随之而来，而这其中就不乏大量因为股权纠纷而导致创业失败的案例。创业的顶层设计在于股权，广大创业者了解股权、学习股权、应用股权，已是时代所必需！

有人说："最好的学习就是模仿。"笔者发现，许多创业者争相模仿成功的企业，可最终绝大多数的人并没有如愿以偿。同样的道路，为什么结局却截然不同呢？

成功的原因千千万万，失败的原因就那么几个！创业者的能力、资源、条件等因人而异，别人通往成功的道路，或许对你而言并不一定行得通！反过来，如果一家企业因为股权问题走向覆灭，从中总结出来的经验和教训一定是真实而又深刻的。

有一名成功的企业家曾经说过：“对所有的创业者来说，永远告诉自己一句话——从创业的第一天起，每天要面对的是困难和失败，而不是成功。”所以，笔者认为，对于广大创业者而言，学习失败案例或许比学习成功案例更有效率与价值！这也正是笔者着手本书写作的初衷。

笔者也喜欢追剧，在此引用《琅琊榜之风起长林》剧中人物萧平旌在面对复杂多变的局势时的一句台词：“当你不知道敌人的箭来自何处，又射向何方时，你首先要想的就是自己的要害在什么地方。”就企业股权设计而言，是不是存在一些常见的较为普遍的“要害”呢？答案是肯定的！

笔者根据十余年的具体项目服务实践经验，以及大量培训讲座中所积累的素材，经过整理并提炼出股权领域的十大风险点，名其曰《股权十大败局》，以期为创业者提供一些有益的警示。但另一方面，兵无常势，水无常形！需要注意的是，个案有个案的特殊性,并不是只要出现书中所列的十大风险点,就一定会导致最终的败局。

本书根据企业在股权领域常见的十大风险点分为十章。在每一章的导言部分,笔者均以通俗易懂的文字简单描述该类股权风险;在正文部分,笔者都将该类股权风险进行细分,同时配套翔实的案例与丰富的图表做支撑说明,详细地阐述该类股权风险的具体表现形式;最后,笔者都将结合实务经验提供"破局之道",以期为本书的读者解决该类股权风险提供一些可参考的思路与建议。

感谢《民主与法制》周刊的总编辑刘桂明老师于百忙之中为本书作序!感谢浙江工商大学出版社为本书的出版做出的各种努力!感谢两位爱徒——徐诗豪律师、吴雨浓律师,他们为本书的面世做出了不可替代的贡献!

笔者虽执业多年,但因时间仓促及水平所限,书中观点难免有不足之处。敬请读者能给我们提出宝贵的意见和建议!

作为为创业者提供股权设计服务的律师,同时也作为一家律所的管理者,笔者深有感触:自己何尝不是一名普通的创业者!创业维艰,如人饮水,冷暖自知!

谨以此书献给一直在创业路上一往无前、百折不挠的广大创业者们!

宋桂明

2018年11月于杭州

目 录
Contents

第一章

群龙无首——实际控制人缺位

柏拉图在《共和国》一书中记载着这样一则寓言：古希腊有个船长，其身材比别的船员都高大强壮，美中不足的是船长有点耳不聪目不明，且他的航行知识也不比别的船员多，因此其他船员认为他没有能力继续掌舵。但在谁才有资格当掌舵人的问题上，船员们又有着不同的意见，进而吵成一团，甚至刀剑相向，最终这艘船因为内乱，掌握不了正确的航向，逐渐迷失在无际的大海中。公司治理也如同汪洋行舟，如果缺少强有力的实际控制人，必将在创业路上渐行渐远。

○公司的舵手——实际控制人

实际控制人就如同公司的舵手，控制着公司的航向。《现代汉语词典》(第7版)第748—749页对“控制”一词有两种释义：第一，掌握住不使任意活动或越出范围；操纵。第二，使处于自己的占有、管理或影响之下。在公司的控制权问题上，“控制”一词应同时兼有两者之意义——对公司资源的一种排他性的掌控、占有和管理。

《中华人民共和国公司法》(以下简称“《公司法》”)对控股股东和实际控制人分别作出了定义。《公司法》第二百一十六条规定：“实际控制人，是指虽不是公司的股东，但通过投资关系、协议或者其他安排，能够实际支配公司行为的人。”而控股股东是指“其出资额占有限责任公司资本总额百分之五十以上或者其持有的股份占股份有限公司股本总额百分之五十以上的股东；出资额或者持有股份的比例虽然不足百分之五十，但依其出资额或者持有的股份所享有的表决权已足以对股东会、股东大会的决议产生重大影响的股东”。

基于是否直接持有公司股份，《公司法》区别了实际控制人和控股股东的概念。虽然两者在概念上有所差异，但相同的是，两者对公司的决策、管理、发展有重大的影响，对公司资源是一种排他性的掌控、占有和管理。

相较于《公司法》，中国证券监督管理委员会（以下简称“证监会”）的相关规定则扩大了实际控制人的内涵。《上海证券交易所股票上市规则》第18.1条及《深圳证券交易所股票上市规则》第18.1条规定，实际控制人是能够对股东大会的决议产生重大影响或者能够实际支配公司行为的人，其渊源是对公司的直接或者间接的股权投资关系。根据这样的规定，直接或间接持有股权，均可被认定为实际控制人。

笔者认为，实际控制人对公司的这种掌控、占有和管理来源于现代公司制度下公司的独立法人地位。《公司法》明确赋予了公司的独立法人地位,而正因为公司的独立法人地位,在法理上公司的出资者对其出资所有权进行了让渡。在其将个人财产投入公司后便转移了其对这些财产的直接掌控、占有、管理,而这些财产换回了股东的身份和对股权的所有权,通过其对股东权利的行使来间接掌控、占有和管理公司法人的财产,从而形成控制和影响。

在实际控制人的界定问题上,笔者更倾向于证监会的方式,因为实际控制人就如同公司的舵手,掌握公司发展的方向和轨迹,对公司发展中所遇到的种种风险作出判断和响应。所以说,无论是直接还是间接持有公司股权,只要能对公司形成支配就应当被认定为实际控制人,这也是我们对实际控制人的认定方式。

○没有舵手的船——实际控制人的缺失

"没有舵手的船,什么风都不会是顺风。"创业过程中往往会遇到各种各样的机遇与挑战,面对这些机遇与挑战,没有实际控制人的公司往往难以当机立断,把握机遇,迎接挑战。因此,实际控制人的缺失会导致诸多问题。

第一,不利于建立、维持股东和公司之间的稳定而持久的关系。笔者在实践中发现，绝大多数的投资人及投资机构都更倾向于对控制关系明确的创业企业进行投资。在笔者向诸多投资人与投资机构了解其原因时，他们都表示控制关系明确的公司的股东和公司之间的关系往往更稳定持久。公司在经营发展的过程中会遇到各种各样的风险，公司虽然是独立法人，但是其最终还是由股东承担出资责任，因此控制权的实现将最大限度地增加股东对公司发展的付出，实现股东和公司之间的利益捆绑，促进公司的正面发展。实际股东的缺失往往会导致股东们存在“事不关己高高挂起”的心态，使得股东和公司之间难以形成稳定持久的关系，进而影响公司的发展。

第二，不利于提升股东的投资预期，难以实现利益的最大化。作为独立法人，公司追逐利益和财富，是公司和股东的初衷，在实际控制关系的确立下，实际控制人因其掌握对公司的控制权，因此除了承担最终和最大的经营风险外，还承担了保障自身及其他股东实现其最大的投资回报的责任，这将极大地提高收益的可预期性，促进利益的最大化。反之，实际控制人缺失，公司股东们往往都抱着“搭便车”的心态，将公司的发展寄希望于他人，缺乏承担最终责任的条件和基础，因此，难以实现投资收益的最大化。

第三,不利于提升决策的效力。正如前文所述,实际控制人本质上是对公司资源的一种排他性的掌控、占有和管理,而这种控制正是基于实际控制人能掌握公司的决策权。相较于分散的股权结构,实际控制人的形成有利于提升公司的决策效率,提高公司的运作效率,而这在创业前期显得非常重要。创业前期的机遇往往转瞬即逝,如果公司没有实际控制人,各个股东还在为公司决策争得面红耳赤时,公司往往已经与机遇失之交臂。

1 股权均分，友情是否经得起考验

真格基金创始人、著名天使投资人徐小平在谈到和好朋友一起创业的经历时说，创业初期要和好朋友一起创业，但要把友谊关在规则的笼子里。这让笔者不禁想到2013年《南方都市报》的一篇题为《真功夫内斗背后：世上最差股权结构》的文章，让人不禁对这种均分的股权结构进行深思。

○股权均分，隐患无穷

【案例】

中式快餐的传奇创业[1]

这个曾经轰动一时的故事，要从1991年说起。那时蔡达标与妻子潘敏峰一起经营了一家五金店，但是2年后这家五金店就因生意惨淡而倒闭，与此同时，潘敏峰的弟弟潘宇海在1990年创办的“168甜品屋”已经在当地小有名气。蔡达标在创业失败后选择同小舅子潘宇海合作，夫妇二人各占25%共同入股甜品屋50%的股权。

在蔡达标夫妇加盟后，“168甜品屋”也更名为“168蒸品店”转而进军中式快餐市场。1997年，“168蒸品店”一举攻克了中餐工业化生产的标准化难题，三人正式成立东莞市双种子饮食有限公司，开始走上连锁扩张之路。创始人潘宇海担任法定代表人、执行董事、总经理，持有公司50%的股权，剩下50%的股权仍由蔡氏夫妇持有。

---

① 资料来源：网易财经，http://money.163.com/12/1112/12/8G42F95A00253B0H.html。阿里云咨询，https://www.aliyun.com/zixun/content/2_6_150235.html。

公司发展一路顺风顺水。2003年，蔡达标出任双种子饮食有限公司总裁，在策划公司的帮助下，建立了“真功夫”品牌并开始了高速发展。

蔡达标的破局之路

“真功夫”一往无前的发展进程在2006年9月被蔡达标与妻子潘敏峰的一纸离婚协议书打破。通过离婚，蔡达标拿下妻子所持有的双种子饮食有限公司25%的股权后，持股达到了50%，从而形成了潘宇海与蔡达标二人50%:50%的持股局面。同时，股东之间的纠纷也在暗潮涌动，蔡达标试图打破这种均分的股权结构，实现对公司的控制权。

2007年下半年，在蔡达标的引荐下，今日资本和中山联动两家风险投资公司共斥资3亿元投入“真功夫”项目，成立真功夫餐饮管理有限公司，分别占3%的股权，而双种子饮食有限公司持有10.52%的股权，蔡达标和潘宇海分别持有41.74%的股权，具体股权结构如图1-1：

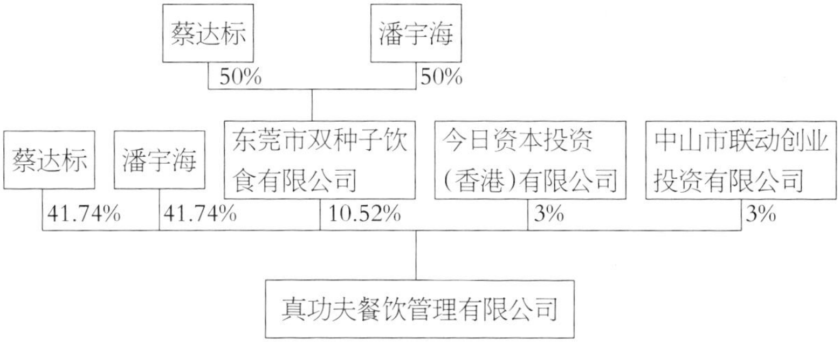

图1-1　真功夫股权结构

此时，蔡达标和潘宇海各实际控制真功夫餐饮管理有限公司47%的股权，而公司的5席董事也由5名股东分别委派，而双种子饮食有限公司所委派的董事正是蔡达标的前妻潘敏峰。为了实现对公司的控制权，2009年，蔡达标以其100%控股的东莞市赢天创业投资有限公司收购了中山市联动创业投资有限公司66.67%的股权，此时，蔡达标和潘宇海原来势均力敌的局面发生了变化，蔡达标实际持有49%的真功夫股权，反超潘宇海，成为第一大股东。而在获得优势情况下，蔡达标希望进一步扩大自己的控制权，2010年9月18日，潘宇海、蔡达标、今日资本签订框架协议，潘宇海拟减持其直接持有的和通过双种子饮食有限公司间接持有的共计25%的真功夫公司股权，而蔡达标和今日资本拟购买潘宇海减持的全部真功夫公司股权。这将打破公司股权均分导致无实际控制人的局面,蔡达标将实现其对真功夫公司的控制权。

潘氏姐弟的绝地反击

随着对公司控制权的不断扩大,蔡达标开始着手“去家族化”改革,从肯德基、麦当劳等餐饮连锁企业挖来众多职业经理人,而在此过程中,真功夫公司中多位与潘宇海关系密切的中高层离职或被辞退,使得潘宇海被进一步边缘化。这无疑也引起了潘氏姐弟的不满,股东冲突由此引爆。

2011年4月,潘敏峰向广东省高级人民法院提起诉讼,以蔡达标隐瞒私生子为由,要求分割蔡达标所持有的双种子公司25%的股权,或折价补偿4.7亿元的财产。2012年,潘宇海起诉蔡达标,欲解除此前签订的关于转让股权的框架协议,另提起诉讼,欲行使股东知情权,并举报蔡达标私自挪用资金。

2014年,法庭认定蔡达标在2009年至2010年间从真功夫公司或侵占或挪用资金3000多万元,分别构成职务侵占罪和挪用资金罪,被判14年,股东纠纷暂告段落。

从真功夫的案例我们不难看出,蔡达标和潘氏姐弟为了扩大自己的控制权也是用尽了各种方法。这个案例给了我们如下几点启示：

第一，我们都知道股东会是公司的最高权力机构，股东通过在股东会中行使表决权来实现自身的股东权利。作为公司的最高权力机构，股东会有权选举和产生公司的其他机构如董事会（执行董事）、监事会（监事），且在决议公司计划、审议公司的各项方案，以及对公司的合并、分立、解散、清算或者变更公司形式等问题上有相应的决定权。所以，股东会当之无愧是实现控制权的最主要途径。

第二，创业伊始，很多人都像蔡达标和潘氏姐弟一样对股权结构的设计缺乏重视，大家往往会选择均分股权，2个合伙人就各持1/2，3个合伙人就各持1/3，4个合伙人就各持1/4，等等。当股权比例非常平均时，单一股东的表决权就不足以压制其余股东。当然这样的股权结构在创业伊始可能并不会出现什么问题，但是随着创业进程的逐步深入，股东们可能就公司是否要进一步扩张、是否要接受融资、是否要扩展业务范围等问题各执一词，当股东之间无法达成一致意见时，股东会就很难达成有效的决议，甚至产生股权纠纷。尤其是在初尝创业甜果，各个股东都希望加大自身的话语权时，极易产生股权纠纷。因此，创业伊始明确公司的实际控制人，对于公司的稳定具有十分重要的作用。

第三，通过该案例，我们不仅看到明确实际控制人对于公司发展的重要性，更能看出合伙人的婚姻变故对公司的影响。真功夫的创业历程，始于蔡达标与潘敏峰的一段姻缘，而危机的爆发也源于其与潘敏峰的婚变。由此可见，婚姻关系对于创业公司也会产生相应的风险。对于这一点，笔者将在第二章进行详细论述。

○破局之道

【案例】

海底捞的启示[①]

1994年，4个要好的年轻人在四川简阳开设了一家只有4张桌子的小火锅店，这就是海底捞的第一家店，这4个人各占25%的股份。后来，这4个年轻人结成了两对夫妻，2家人各占50%的股份。

① 资料来源：搜狐财经，http://www.sohu.com/a/161894513_555623。

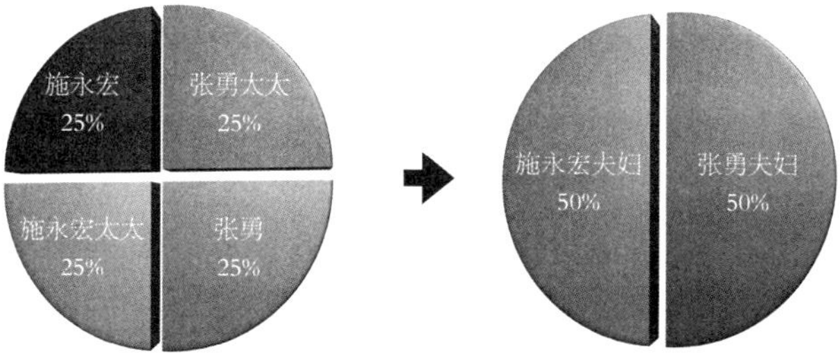

图1-2　海底捞股东股权变化1

随着企业的发展，张勇认为另外3个股东跟不上企业的发展，先后让他们离开企业。张勇先让自己的太太离开企业，2004年让施永宏的太太也离开企业。2007年，在海底捞步入快速发展的时候，张勇让无论是股权投入还是时间和精力的付出都与自己平分秋色的20多年的朋友施永宏也离开了企业。

张勇在让施永宏下岗的同时，还以原始出资额的价格，从施永宏夫妇的手中购买了18%的股权，张勇夫妇成了海底捞68%(超过2/3)的绝对控股股东。

2007年，在海底捞成立13年并且快速发展的时候，一方股东却将18%的股权，以13年前原始出资额的价格，转让给了另一方股东，这简直就是匪夷所思。

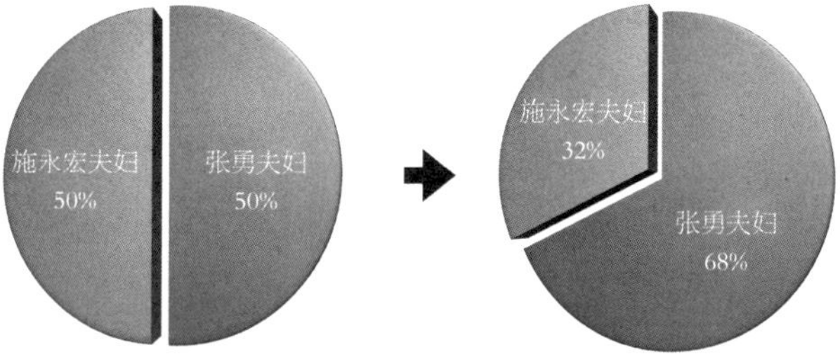

图1-3　海底捞股权结构变化2

施永宏却如此回答："不同意能怎么办，一直是他（张勇）说了算……后来我想通了，股份虽然少了，赚钱却多了，同时也清闲了。还有他是大股东，对公司就会更操心，公司会发展得更好。"

和真功夫一样，海底捞在创业伊始也有着均分的股权结构，但是海底捞以匪夷所思的方式解决了不理想的股权结构问题。这一方面得益于海底捞从一开始就是张勇为主、施永宏为辅，形成了张勇是核心股东的事实，另一方面也得益于施永宏的大度、豁达与忍让。其实这个世界上并不存在最差的股权结构，也不存在最好的股权结构，只有最适合当下企业自身的股权结构。

合伙创业如同众人划船，划船的人心齐，力往一处使，船自然能越行越远；然而如果船上之人想法不一，人心不齐，甚至用力不一，那么船自然不能行得又快又远，众人的利益也自然得不到实现。

海底捞在股权布局上的成功源于股东的心齐，他们能清楚地认识到自己的利益和公司的利益一致，因而能够随着公司发展的需要动态调整公司的股权结构（关于动态调整，第八章将详细论述）。但是除了动态调整股权结构外，还有以下方式可以解决股权均分导致公司无实际控制人的情况。

（1）投票权委托

投票权委托又称表决权代理，是指公司部分股东通过协议约定，将其投票权委托给其他特定股东行使。例如，京东的招股书披露，在京东发行上市前，京东有11家投资人将其投票权委托给刘强东行使。刘强东持股仅20%左右，却通过老虎基金、高瓴资本、今日资本及腾讯等投资人的投票权委托，掌控了京东上市前过半数的投票权。

（2）一致行动人协议

一致行动人协议即通过协议约定，某些股东就特定事项采取一致行动。意见不一致时，某些股东跟随一致行动人投票。比如，创始股东之间、创始股东和投资人之间就可以通过签署一致行动人协议加大创始股东的投票权权重。一致行动人协议内容通常体现为一致行动人同意在其作为公司股东期间,在行使提案权、表决权等股东权利时作出相同的表示,以其中某方意见作为一致行动的意见,以巩固该方在公司中的控制地位。一致行动人协议在境内外上市公司中很常见,境内上市公司如网宿科技、中元华电、海兰信,境外上市公司如阿里巴巴、腾讯等。

(3)搭建有限合伙企业持股平台

和有限责任公司不同,有限合伙企业的治理结构主要依赖于合伙人身份,有限合伙企业中的合伙人分为普通合伙人(GP)和有限合伙人(LP)。普通合伙人执行合伙事务,承担管理职能,而有限合伙人只作为出资方,不参与企业管理。所以,可以让股东不直接持有公司股权,而是把股东都放在一个有限合伙企业的持股平台里面,让这个持股平台持有公司股权,这样股东就间接持有公司股权。同时,让创始人或其名下公司担任GP,控制整个持股平台,然后通过这个有限合伙持有和控制公司的部分股权。除创始人之外的其他股东,只能是有限合伙的LP,只享有经济收益而不参与持股平台日常管理决策,也就不能通过有限合伙控制公司。比如,绿地集团采用层叠的持股平台安排,以一个注册资本为10万元的公司控制约190亿元资产的绿地集团。

(4)AB股制度

AB股制度也叫作双重股权结构或二元股权结构,实际上就是“同股不同权”架构。按照该规定,通常一般股东同股同权即一股一票,但公司创业团队为了实现控制权可以一股数票,这是一种通过分离现金流和控制权而对公司实行有效控制的手段。主要内容为:公司股票区分为A序列普通股和B序列普通股,其中A序列普通股通常由机构投资人和公众股东持有,B序列普通股通常由创业团队持有,A序列普通股和B序列普通股设定不同的投票权。

高投票权股票拥有更多的决策权。高投票权股票每股有2—10票的投票权,主要由高级管理者持有。低投票权股票的投票权只占高投票权股票的10%或1%,有的甚至没有投票权,由一般股东持有。作为补偿,高投票权股票股利低,不准或规定一定年限(一般3年)后才可转成低投票权股票,流通性较差,而且投票权仅限管理者使用。

例如,2018年5月3日,在小米集团正式向香港交易所提交的IPO招股书中,我们看到了小米集团“同股不同权”的架构设计:小米的股份分为A、B两类,对于提交公司股东大会的任何决议案,A类股份持有人每股可投10票,而B类股份持有人每股可投1票,持有A类股份的股东为雷军和林斌二人，这样一来，未来如果雷军持有超过小米集团9.1%的A类股份，就能实现对小米集团的过半数表决权。

（5）一票否决权

在股东协议中可以约定，对于公司重大事项的决定，没有某股东同意表决绝不允许通过。这样，虽然创始人之间股权较为平均，但对于某个对特定事项拥有一票否决权的股东而言，起到了反向控制的作用。

2 股权分散，控制权该如何实现

○分散型的股权结构

【案例】

股权分散迎来门口的野蛮人[1]

万科的股权极度分散，在宝能系举牌万科时，万科的前十大股东合计持有万科的比例仅有22.72%，其中，华润股份持有14.94%，为第一大股东，除此以外，前十大股东中，仅有自然人刘元生、持有B股的HTHK/CMG FSGUFP持股比例在1%以上，而其他7家机

① 资料来源：赢商网，http://sh.winshang.com/news-257104.html。

构，持股比例均不足1%。按照2016年6月10日的收盘价格，如果某个“野蛮人”在二级市场上实施恶意收购，要成为第一大股东，仅仅需要132亿元人民币的价格。这种情况使得大量的“野蛮人”觊觎着万科的控制权。

分散型的股权结构，通常是因为公司的创始股东人数较多，且各个创始股东的投入及其在创业过程中所发挥的作用都旗鼓相当，最终形成股东较多且各个股东的实际持股比例都较少的股权结构。

与均分型的股权结构相似，分散型的股权结构往往会导致股权比例在分配上难以集中，形成实际控制人缺位，进而影响公司的决策效率，甚至产生公司治理僵局。

相较于均分型的股权结构，分散型的股权结构因其股权过于分散，往往还具有以下特点：

第一，因为股东持有公司股权的比例很小，所以股东往往缺乏对公司管理的热情，会直接放弃管理公司的权利，减少对公司的投入。

第二，由于股东多为小股东，其投资目的多在于获得收益，所以股东追求投资利益最大化的预期，势必导致股权的不断转手。

在分散性的股权结构下，公司缺少实际的控股股东，而股权的不断交易容易造成公司动荡，2016年所发生的“宝万之争”无疑是最典型的例子。

○破局之道

【案例】

“百家法人”打造优质高效的董事会①

北汽福田汽车股份有限公司（证券简称“福田汽车”；证券代码600166）于1996年8月28日由55家主机配套厂、45家经销企业共同发起建立，近百名发起人股东遍布全中国13个省、自治区、市，贯穿了整个汽车生产销售的上、中、下游各个环节。

福田汽车的股东人数众多，股权分散，但是其凭借规范的治理结构，如今已经发展为中国品种最全、规模最大的商用车企业之一。而福田汽车的治理秘密就在于其董事会，福田汽车董事会共有17名董事，其中5名为独立董事，以确保决策的公平和效率。上市多年来，福田汽车从未在信息披露、诚信建设、大股东占用等方

---

① 资料来源：凤凰网财经，http://finance.ifeng.com/a/20180425/16197608_0.shtml。

面出过问题,公司经营保持稳健态势,规范治理是公司一切经营运作的基础。

凭借科学的法人治理结构和高效率的董事会运作,福田汽车成为业内优秀公司治理的典范,获得了很多荣誉。2007年,福田汽车被以公司治理为核心内容的细分类财经杂志授予"中国上市公司法人治理示范基地"。2008年12月23日,中国社科院中国公司治理研究中心还将福田汽车指定为"示范实践基地"。

2010年,在上海证券交易所组织的国内最具权威性的上市公司董事会评选颁奖典礼上,福田汽车在近千家沪市上市公司中脱颖而出,获得了上海证券交易所"2010年度十佳董事会奖"。

如果你的公司也出现了分散型的股权结构,那么笔者建议可以采用如下方式对股权结构进行调整。

第一,通过股权设计确定实际控制人。

与第一节所介绍的均分型的股权结构一样,通过投票权委托、一致行动人协议、有限合伙持股、AB股制度、一票否决权等在股权分散的情况下同样也能有效地实现控制权。但是,与均分股权所形成的实际控制人缺位的情形不同,在股权分散的情况下,由于公司的股东人数众多且持股比例普遍偏低,所以一般情况下,公司可以利用董事会进行日常的公司管理和决策。

第二,通过董事会确定实际控制人。

董事会是公司的最高执行机构,负责日常较大事项的经营决策,而且掌控高级管理层的人事任免权。所以说,控制了董事会就意味着控制了公司的日常经营。董事会在表决上采用一人一票的形式,因此对董事会的控制主要是通过控制董事会席位的方式实现的。相较于股东会利用表决权比例进行决策的议事规则,一人一票的董事会议事规则似乎更适合股权分散型的公司。初创型企业对创业初期的决策效率要求较高,所以,笔者一般不建议设置董事会,而是根据《公司法》的规定设置一名执行董事并由实际控制人担任。

3 创业维艰，实际控制人该如何选择

【案例】

实际控制人卷款“跑路”，394位股东被坑①

2017年10月12日，中国证监会江苏监管局于《证券时报》发布《立案调查通知书》公告。因ST昌信涉嫌信息披露违法违规，根据相关规定，中国证监会江苏监管局决定立案调查。

挂牌后受到投资者热捧，在协议转让下挂牌1个多月股东人数即突破200人的苏州市沧浪区昌信农村小额贷款股份有限公司（证券简称“ST昌信”；证券代码831506），实际控制人被指“跑路”美国、

① 资料来源：新浪财经，http://finance.sina.com.cn/roll/2017-09-29/doc-ifymkxmh7753479.shtml。

贷款逾期、股权被质押或冻结、全部员工离职、公司停产……千疮百孔的ST昌信坑惨394位股东。据ST昌信披露，截至公告发布，公司累计借款金额8800万元，其中5600万元逾期。

在2017年1月26日，也就是ST昌信爆发借款危机时，ST昌信的实际控制人佘昌及其妻子陈琦前往美国。管理层多次通过电话、微信等方式联系佘昌、陈琦，告知其公司经营情况，催促其回国处理，但二人故意未归，处于失联状态。

事实上，从后续发展看来，实际控制人“跑路”、巨额借款逾期未还只是ST昌信面临的一部分风险，在ST昌信主办券商东吴证券对其的现场检查过程中，发现ST昌信有对外担保的1.71亿元账目未披露。

实际控制人失联后，公司基本失控，临时公告、定期报告等无法按时披露，信息披露违规严重，ST昌信及其多位高管招致证监会、全国股转公司的调查和处罚，导致ST昌信394位股东被深度“套牢”。

实际控制人肩负着公司发展的重担，在影响公司的管理与发展的同时还应当肩负相应的责任。如果实际控制人选择不善，就像这则案例中所描述的那样，不仅无法带领公司走向辉煌的未来，甚至还会将公司拖入无尽的深渊，不仅损害自身利益，还会为公司员工及其他股东带来难以估量的伤害。

因此，在实际控制人的安排上，笔者认为应当关注以下几点：

第一，实际控制人的品格与能力。在艰难困苦的创业之路上，毫无疑问需要一个天性坚毅、乐观，同时具备强大的解决问题能力的领导者来为公司掌舵。《公司法》对公司高管的任职条件有着最低的要求，如“因贪污、贿赂、侵占财产、挪用财产或者破坏社会主义市场经济秩序，被判处刑罚，执行期满未逾5年，或者因犯罪被剥夺政治权利，执行期满未逾5年；担任因经营不善破产清算的公司、企业的董事或者厂长、经理，对该公司、企业的破产负有个人责任的，自该公司、企业破产清算完结之日起未逾3年；担任因违法被吊销营业执照、责令关闭的公司、企业的法定代表人，并负有个人责任的，自该公司、企业被吊销营业执照之日起未逾3年；个人所负数额较大的债务到期未清偿”等情形的人不得担任公司的高管。事实上，公司的实际控制人所应当做到的远不只这些，因此在实际控制人的选择上，一定要谨慎考察实际控制人的品格和其解决问题的能力。

第二，实际控制人的权、责、利是否相统一。笔者在前文中说过，实际控制人在掌握对公司的控制权的同时，还应当承担最终和最大的经营风险，并获得相应的投资回报。如果实际控制人所享有的权利、承担的风险与责任、享受的收益不成正比，就将影响到实际控制人作用的发挥，甚至对公司和其他股东产生损害。

第三，是否对实际控制人的权力行使有制约机制。“权力失去监督是祸害，私欲失去控制是灾难。”实际控制人的缺失会影响公司的发展，同样，对实际控制人的监督机制的缺失对公司而言也将形成灾难。

第二章

引狼入室——合作共赢机制缺位

“引狼入室”的典故可谓人尽皆知，当人们嘲笑牧羊人的单纯时，往往忽视了狼的狡猾。梁武帝萧衍为收复中原而招纳东魏叛将侯景，结果落得国破身死的结局。同样，面对来势汹汹的“狼”，战国时期三晋合纵连横，间于齐楚，左右逢源而被世人津津乐道。所以，为避免引狼入室的悲剧发生，关键不在于揭开狼的面纱，而在于建立起一套合作共赢的机制。

第二章

引狼入室——合作共赢机制缺位

“引狼入室”主要是指公司引入新的股东，或因股权结构变动或股东人员结构变动，原实际控制人逐步失去对公司的掌控，或股权纠纷给公司造成严重的损失。

○为什么创业容易“引狼入室”

“引狼入室”在创业中属于高发风险点，同时也是十大败局当中最具有隐藏性的败局，这主要是由以下原因造成的。

第一，公司在发展过程中，毫无疑问，都会面对引入投资人、合伙人等方面的问题，也可能会遇到合伙人的婚姻关系变动、公司新老交替等情况所导致的公司股权及股东人员结构变动的问题。

第二，通常情况下，为了实现自己的目的，“狼”在“入室”前往往都会精心隐藏自己的真正目的，并不会轻易表现出威胁性和攻击性，因此，在这种伪装下，一般人无法在一开始就将“狼”拒之门外。

第三，笔者认为，公司股权设计的本质是通过一连串的合同实现公司控制权和利益平衡的游戏。股东在投资公司之后，为实现自身的投资目的或者保障自身利益，对于公司控制权的掌握都有着天然的需求。因此，可以毫不夸张地说，在合作过程中所有的合伙人或许多多少少都自带一些“狼”的属性，这增加了“引狼入室”的爆发风险。

○“狼”不可怕，可怕的是合作共赢机制的缺乏

笔者认为，“引狼入室”这一类型的风险在初期存在一定的隐蔽性，我们难以通过前期的辨识对风险进行防范。因此，这在股权设计领域给我们带来的警示意义不仅在于提醒大家要警惕接纳、吸收自己的合伙人，更关键的还在于建立起一套在“引狼入室”之后，能够保障和实现实际控制人对公司控制权的合作共赢机制。

第二章

引狼入室——合作共赢机制缺位

本章希望通过对三种典型的“引狼入室”案例的分析，探讨如何通过股权设计构建一套有效的合作共赢机制。

1 投资人——引进的是天使还是魔鬼

随着市场经济的不断发展，创业的模式也产生了新的变化，一种由创业者、投资者明确分工所产生的创投模式正在不断发展；资本有着追逐利益的天然属性，而创业者相较于投资者而言往往更希望企业可以获得长效而全面的发展，因此在双方控制权的博弈下，既有像阿里巴巴、京东这样的成功案例，也有CVC赶走张兰入主俏江南，中国永乐与摩根士丹利、鼎晖投资对赌，最终输掉控制权被国美收购的案例。这些案例不禁让人思考，投资人——创业者所引进的——究竟是天使还是恶魔？

【案例】

俏江南——“恶魔”般的资本[①]

2008年，为了让俏江南跟上北京奥运会的“春风”，加快扩张的步伐，俏江南的张兰与鼎晖投资一拍即合，达成合作。根据当时媒体的报道，鼎晖投资以等值于2亿元人民币的美元，换取了俏江南10.53%的股权。

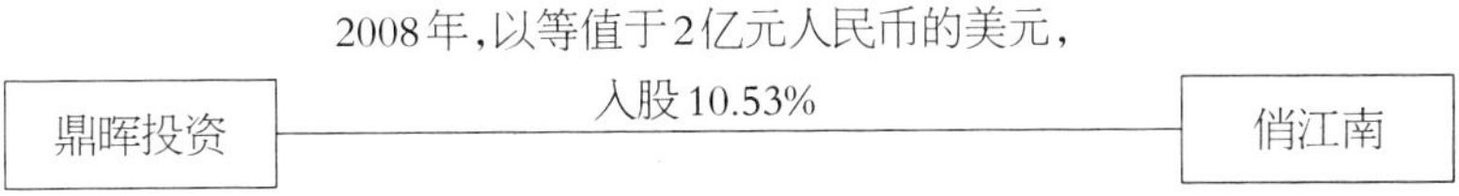

图2-1　鼎晖投资入股俏江南

股权融资是目前创投模式下常见的融资形式，投资人以目标公司的估值为标准，以溢价增资的形式投资入股初创公司，在为初创公司输送资本的同时获得股权。以鼎晖投资入股俏江南为例，鼎晖投资在入股俏江南时对其估值约为19亿元人民币，所以在其投资等值于2亿元人民币的美元后持有俏江南10.53%的股权。

但是投资人终究不是善财童子，其以高估值投资入股是为了获利，而非慈善。因此，投资人在投资过程中出于对自身利益的保

① 资料来源：搜狐财经，http://business.sohu.com/20160111/n434103687.shtml。

护目的，会在投资协议里约定对赌和投资人的保护条款，比如董事会条款、防稀释条款、竞业禁止条款，以及外界耳熟能详的对赌条款等。这一系列投资条款，少则十几条多则数十条，是VC/PE在过往的实践中总结出来的，全方位地对创业方形成各种制约，以保护自身的投资利益。鼎晖在投资俏江南时也不例外。

鼎晖的投资，给俏江南带来资金的同时，也给其套上了枷锁，令其不得不疲于奔命。据网络披露，俏江南为了获得这笔投资，在融资过程中向鼎晖投资作出对赌承诺，如果俏江南无法在2012年底上市，则鼎晖有权以要求张兰等人回购其股权的方式退出俏江南。

鼎晖投资作为财务投资人，最典型特征便是谋求退出以获取投资回报。目前的投资形式中，首次公开发行股票（IPO）及并购是投资人退出的两个最主要的通道，尤其是IPO退出，根据网络所披露的数据，一个投资基金的存续期通常是10年左右，且基金的大部分投资项目都是在前4年进行的，所以通常在基金投资后的5到7年内会产生退出变现的需求，以便在基金到期之后将所变现的资金收拢并归还给基金的出资人。

根据这样的规律，我们很容易理解鼎晖为什么会对俏江南提出在2012年底之前进行IPO的对赌条件。因为如果俏江南在2012年底前成功IPO,鼎晖所持有的股份有一定的禁售期,只有等到禁售期结束股票全部解禁之后鼎晖才能出售获利,所以,如果像其当时投资时所评估的那样一切顺利的话,鼎晖从2008年投资俏江南开始到俏江南成功IPO,再到鼎晖退出获利,这个周期也要6—7年;如果俏江南无法在这个预期的时间内完成IPO目标,那么鼎晖为确保投资利益,只能退而求其次,以并购或者回购的方式退出。而事实上,俏江南的IPO之路进展得并不顺利。

因为IPO对赌条款的约束,俏江南不得不加速IPO进程。2011年3月,俏江南向中国证监会提交了于A股上市的申请,但是这个时间点正好与证监会整肃创业板时间点重合,并提出理论上不支持餐饮类的传统行业登陆创业板。2012年1月30日,中国证监会例行披露的IPO申请终止审查名单中,俏江南在列,这无疑是对头顶对赌条款的俏江南的当头一棒。

A股无门,俏江南不得不转战港股。2012年4月,据瑞银证券消息,俏江南将于第二季度赴港IPO,融资规模预计为3亿—4亿美元。为了实现赴港上市,俏江南必须拆除境内架构,搭建新的结构模式,为此张兰还移民至加勒比岛国圣基茨,目的也是实现赴港上市。

关于移民，张兰曾经自嘲道，如果不是为了企业上市，谁愿意放着中国公民不当当岛民呢？可见，曾经和鼎晖签下的一纸对赌协议，对张兰和俏江南而言是何等威力。

为了确保投资人能在下一轮投资中优先套现，投资人通常都会在投资协议中约定“领售权条款”。领售权条款是指投资人强制原有股东卖出股权的权利，如果被投资企业在一个约定的期限内没有上市，或事先约定的出售条件成就，投资人有权要求原有股东和自己一起向第三方转让股权，原有股东必须按投资人与第三方谈好的价格和条件，按投资人在被投资企业中的股份比例向第三方转让股权。

典型的领售权条款如：“如果自交割日起满3年，公司未能达成相应交易所法定的合格上市条件；或者公司实际控制人发生变更，或符合本协议所约定的情况下，则投资方或现有股东均有权联系有意购买投资方或现有股东在公司所持股权的、与公司无竞争关系的意向第三方，旨在将投资方或现有股东所持公司股权按照约定的条款和条件全部或部分转让给意向第三方。”另外，在转让维度上对投资人的保护条款还有共同出售权条款等。

这样的约定反映了这样一种情况，即当创业企业的发展出现拐点时，投资人对于控制权的争夺会进一步增大，进而影响公司发展的进程。在俏江南的案例中，IPO的失败，触发了俏江南向鼎晖融资时签署的股份回购条款及领售权条款。

由于回购条款和领售权条款的触发，鼎晖投资和俏江南不得不寻求他人回购股权。在此过程中，据悉，俏江南曾接洽了多家投资机构，但最终选择了CVC，CVC以3亿美元获得82.7%的股权，其中鼎晖投资将其所持有的10.53%股权全部转入，按照当时的汇率折算，这次收购中俏江南的估值约为22.1亿元，而鼎晖投资在2008年入股时的估值已经达到了19亿元，假如要严格按照投资协议执行，鼎晖投资在退出时要获得至少2倍甚至更高的回报。然而按照这样的估值，鼎晖出售自己那部分股权仅能保本，那么差额部分需要张兰以出售股份的所得款项来补偿，为此张兰也转让了其所持有的72.17%的股权。

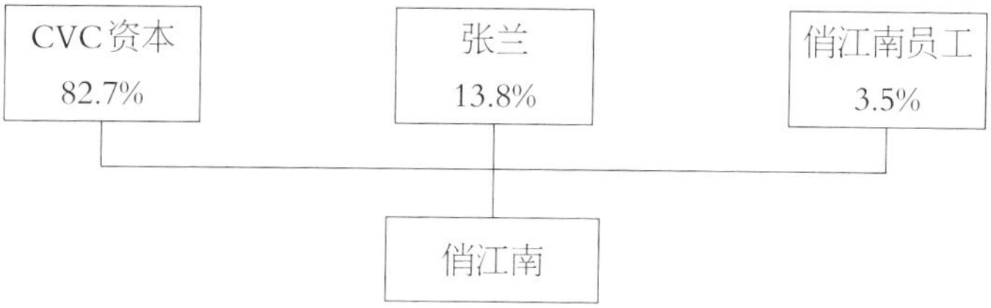

图2-2　俏江南股权结构

可见，张兰从手握俏江南近九成股权的大股东，变为了一个仅持有一成左右股权的小股东。这就是当年投资协议中的相关投资人权利保护条款所引起的连锁反应。

在CVC入主俏江南后，失去控制权的张兰和俏江南新主人的关系也急转直下。2015年3月20日，CVC以涉嫌转移公司资产，向香港法院申请冻结资产令，随后获得冻结俏江南创始人张兰本人资产的命令。同年7月14日，有关张兰出局的消息传出。随后，俏江南发布声明："保华有限公司（保华）代表已于2015年6月被委任成为俏江南集团董事会成员。CVC的委派代表和张兰不再担任俏江南董事会成员，且不再处理或参与俏江南的任何事务。"

经过多年的艰辛创业，最终落得"净身出户"的下场，这便是俏江南创始人张兰的故事。如果没有引入"资本"这头"狼"，张兰虽然也许没有机会一展抱负，但是或许还能保全她对俏江南的控制。俏江南的陨落，反映出了合作共赢机制缺失所造成的巨大的风险。

○破局之道

【案例】

阿里巴巴的超级合伙人①

1999年，软银的孙正义来中国找投资项目时，被马云的演讲瞬间打动，决定投资3000万美元，占阿里巴巴30%股份，而马云提出软银入股3000万美元太多了，自己只要2000万美元，软银持股不能超过20%，同时提出阿里巴巴绝对要由自己的团队来掌控。最终软银妥协。2000年1月，软银联合富达、汇亚资本、日本亚洲投资、瑞典投资、TDF等投资机构，共同投资2500万美元，其中软银占2000万美元。

2003年下半年，阿里巴巴再一次获得了软银、寰慧投资、富达投资和TDF共8200万美元的投资，这时软银成为阿里巴巴最大的股东。而在这次融资前，阿里巴巴已经充分做好了融资目的的考量，将第二大股东的持股比例控制在20%左右，对自身控制权不会构成威胁，从而规避了控制权风险。

---

① 资料来源：搜狐财经，https://www.sohu.com/a/205224678_100009200。

2005年,eBay提出收购阿里巴巴,孙正义也着急退出。此时,马云认为其对控制权的绝对控制,似乎只能通过引进第三方来实现。2005年8月,雅虎以10亿美元和中国资产,换取了阿里巴巴39%的股权。这一交易使阿里巴巴的股权结构发生了变化。此时,马云及其创业团队占股31.7%,软银占股29.3%,雅虎占股39%。马云为了不失去控制权,在合同中约定雅虎虽然有39%股权,但只有35%的投票权;阿里巴巴董事会席位马云团队占2席,软银1席,雅虎1席;2010年10月之前,任何情况下,董事会不得解除马云阿里巴巴CEO的职位。这些规定实现了马云的绝对控制权。

阿里巴巴与雅虎达成的股份协议规定,阿里巴巴必须满足一系列IPO要求,雅虎方可协议减持更多股份。阿里巴巴为使控制权不被过分稀释,提出了同股不同权的双重股权结构。香港证券交易所拒绝了这种方式,于是阿里巴巴于2014年9月19日在纽交所正式挂牌交易,此次募集资金约220亿美元。此时马云团队占股7.8%,但仍保持对公司的绝对控制权。

从阿里巴巴与俏江南的对比来看,我们不难发现,合作共赢机制的创建不外乎以下几点:

第一,融资要与公司的发展状况相匹配。

股权融资是目前创业的最主要融资模式，在创业过程中要采取符合公司所处阶段及发展状况的融资策略，融资的规模也要恰到好处。据网络披露，俏江南的张兰曾经对引进鼎晖投资后悔不已，她认为这是一个错误的决断。但是阿里巴巴的案例就体现出了马云的大智慧，据说，孙正义听完马云不到10分钟的陈述，就决定投资3000万美元持股30%，但这时的马云非常理智地提出只要2000万美元，并且要求一定要让自己来掌控公司，这避免了日后由于投资者股份占比大而可能导致的控制权争夺。

第二，谨慎选择投资人。

和每个人一样，每个投资机构都有自己的投资偏好和习惯，正如入主俏江南的CVC，也曾以几乎同样的手段入主“大娘水饺”并夺得控制权，将创始人扫地出门。也有一些大型的产业投资基金通常在一开始以投资者的身份进入公司，而后利用被投资公司的优势资源，开发自己的新产品，逐渐削弱原管理者的控制力，只期在股权达到一定比例时能控制被投资公司。面对这样的投资机构，在融资时就需要在相关协议中予以规约，避免相关法律风险的爆发，防止企业品牌被弱化。

第三，谨慎签订投资协议。

从俏江南的案例中,我们不难看出投资人保护条款的威力。在公司融资过程中,创始人应该着重关注融资条款,而不是只看估值,了解在融资后自己所负担的义务,以及投资者的相关权利,并了解筹资后公司的股权结构,以预防可能发生的因股权被稀释造成的原股东控制权转移风险。在阿里巴巴的案例中,马云在同雅虎协商的投资协议中,正是利用了协议中的条款保护了自身的控制权,即雅虎虽然有39%股权,但只有35%的投票权,多余部分的投票权归马云团队所有,从而实现了控股权与控制权的分离。

2 合伙人离婚，公司爆发股权危机

在创投界，一直有这样一则条款："目标公司的核心创始人若涉及解除婚姻关系的，则应提前通知董事会，经董事会商议并就重大事项作出有效讨论。"这就是后来俗称的"土豆条款"。

○创始人婚变对公司的沉重打击

【案例】

"土豆条款"来自土豆[1]

"土豆条款"源于土豆网创始人王微的婚姻危机。2010年，土

---

① 资料来源：新浪财经，http://news.sina.com.cn/c/sd/2012-06-27/105824666447.shtml。

豆网创始人传出婚变，此时的土豆网自2005年上线以来，5年间已经获得了5次注资，募资额为1.35亿美元(超过9亿元人民币)。

双方离婚后半年多，2010年11月初，土豆先于优酷向美国证监会提交了IPO申请。提交申请次日，王微的前妻杨某向上海市徐汇区人民法院起诉，要求分割婚姻关系存续期间的财产，也就是包括上海全土豆网络科技有限公司在内的多家公司股权。

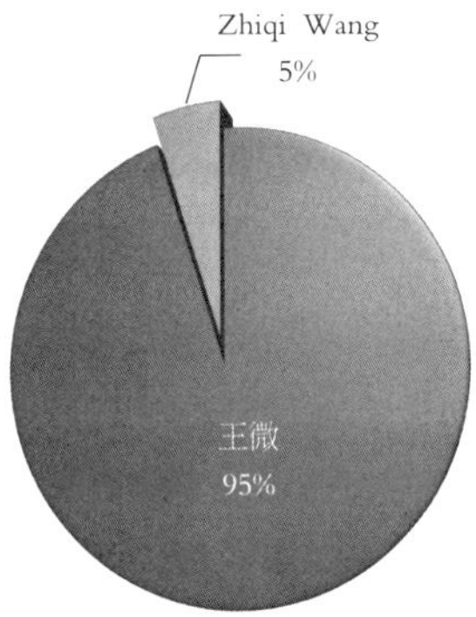

图2-3　2010年11月上海全土豆网络科技有限公司股权结构

上海市徐汇区人民法院就王微的前妻杨某提出的离婚财产分割诉讼采取行动，冻结了王微名下3家公司的股权，其中包括上海全土豆网络科技有限公司95%的股份，一时间，土豆网创始人与前妻杨某的离婚案成为土豆网上市的一大阻碍。最后双方达成协议，王微付给杨某700万美元补偿款，而此时土豆已错失了最佳的上市时机。王微的婚变，让投资方也很受伤。为了避免出现类似事件，创投圈内发明了对冲条款，美其名曰“土豆条款”。

《中华人民共和国婚姻法》(以下简称“《婚姻法》”)第十九条规定，如无特别约定，夫妻婚姻关系存续期间取得的财产均为夫妻共同财产。由于实践当中绝大多数人在结婚时或婚姻关系存续期间，并不会对双方的财产与收入进行特别约定，所以婚后财产由夫妻双方共有就成为大多数夫妻财产的默认选择。

原则上来说，夫妻共同财产在离婚时平均分割。如果说一家公司是在创业者结婚后设立的，那么创业者名下的股权，一般来说属于夫妻共同财产。因此在婚内，公司如果获得融资或上市，那么创业者的股权价值增值部分，也自然属于夫妻双方所共有。

如果创业者在婚前就创立了公司，创业者所持有的公司股权，属于其个人财产；而在婚内，公司如果获得融资或上市，那么创业者的股权价值增值部分因为发生在结婚之后，属于他婚后努力工作的结果，依据前述《婚姻法》的相关规定，该增值部分属于夫妻共同财产。

因此，无论是婚前创业，还是婚后创业，在婚后一定时间获得融资，股权价值增加的，一旦发生婚变，都会面临股权分割问题。鉴于创业者在婚姻关系存续期间所持有的目标公司股权系婚后同配偶的共同财产，因此创业者配偶在婚变时往往会对这些股权提出财产分割的请求，这毫无疑问会令创业公司陷入股权纠纷。诉讼及对股权的保全，都会让股东结构和股权的产权不明晰。

除此以外，我们都知道有限责任公司是兼有人合性和资合性的社会组织，这就意味着维系有限责任公司的股东之间的纽带，除了纯粹的资本投入，还有对个人关系的依赖，比如说对合伙人的个人能力、社会资源及资质的要求等，如果合伙人的配偶在此时提出持股的要求和主张，更会对创业公司的人员结构产生影响。创业公司的合伙人团队往往都是由创始人精挑细选的，每一个人对于创业企业而言都是不可或缺的，因而创业团队的人员调整必将对创业公司产生重大影响。

☞小贴士

通常情况下，婚姻关系解除时因为婚姻矛盾，夫妻双方的对抗性都非常强，所以即便合伙人配偶通过继受取得股权，进入公司股东会，也会很难和其他股东协同作战。

如果在婚前对股权没有明确的约定，那么离婚时，这些创业公司很难毫无争议地将股权划归夫妻中的一方所有。因此，笔者在真心祝愿各位创业者能和自己的另一半和和睦睦、白头偕老、永结同心的同时，也建议各位创业者在创业过程中对婚姻关系和股权的归属纠纷问题有所预判和预防，以避免因婚姻变动对创业公司产生影响。

【案例】

赶集网创始人婚变，公司高层大变动[1]

2009年，赶集网创始人杨浩然与其前妻王红艳在美国加利福尼亚州法院进行离婚诉讼。这场旷日持久的离婚纠纷一直持续了5年，王红艳控诉杨浩然在他们于美国进行离婚诉讼期间，将其所持有的赶集网50%的股权全部转让给了其弟杨浩涌。

① 资料来源：新浪财经，http://finance.sina.com.cn/roll/20140709/051419646843.shtml。

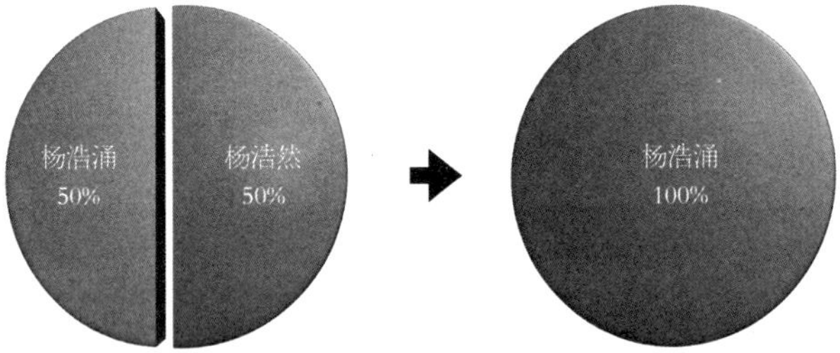

图2-4　杨浩然离婚期间，赶集网运营公司北京鑫秀伟烨科技发展有限公司股权结构变化

就在双方的婚姻财产处置诉讼还在胶着时，赶集网在中国的主要竞争对手58同城成功于2013年10月底登陆纽交所，而赶集网多名副总裁级别以上的高管离职。可见，创始人的离婚官司的代价可能是高管变动、对手先行上市。

由此可见，“土豆条款”并非无稽之谈，合伙人的婚姻变动确实会对公司产生巨大的影响。虽然创业者在婚姻伊始似乎不会轻易想到未来自己的婚姻关系会影响到公司，但创始人的婚变毫无疑问将波及公司的正常发展。所以，制定相应的合作共赢机制非常重要。

○破局之道

创始人离婚要公司董事会同意的条款属于戏谑,而下面的机制就能有效预防和控制合伙人婚变所带来的影响。

第一,在股东协议中明确离婚时的股权处理原则。

为了避免因合伙人婚变对创业公司产生的影响,可以在股东协议中要求合伙人的配偶作出承诺,即对于合伙人所持有的公司股权,其配偶在同其离婚时不对这些股权提出分割要求,由合伙人为其配偶提供同等价值的财产作为补偿。这样的约定能有效地避免合伙人因婚姻关系变动对公司业务、人员结构、股权结构产生的影响。

第二,夫妻之间签署财产协议。

我国《婚姻法》规定,如果夫妻双方之间有着对他们的财产归属的约定,即实行夫妻财产分别所有、部分分别所有、部分共同所有等制度,也就是我们俗称的“AA制”,那么在离婚时将遵照这些协议内容分割财产。尚未结婚的合伙人,在结婚前可以考虑签订一份婚前财产协议,对婚前财产、婚后财产安排作出详细的约定。可以约定,结婚前一方拥有的股权,婚后仍然为该方的个人财产,且不因婚姻关系存续而转化为夫妻双方的共同财产，因此该部分股权在结婚之后的增值部分、红股、期权也不属于夫妻共同财产；或者约定，婚后另一方只能获得相应的财产补偿，不对相关股权提出权属主张。

对于已婚的合伙人，可以在夫妻之间约定，婚姻关系存续期间形成的股权包括企业实行股权激励而获得的股权、红股均属于某一方的个人财产，非夫妻共同财产，约定该方拥有全部表决权；或者约定婚后另一方只能获得相应的财产补偿，不对相关股权提出权属主张。

此外，各方股东签署的夫妻财产协议约定文件应提交一份给公司存档，通知公司其他股东，这样相关人士就了解主要股东持股属于个人财产，非其夫妻共同财产。如果发生婚变，不会发生需要分割股权的情形。

这些方式，在一定程度上能够避免或减少合伙人在婚变时对公司经营的影响。

3 继承人，是传承基业还是颠覆革命

2018年是改革开放的第40年。40年来，随着市场经济的不断发展，家族企业也获得迅猛发展，已经成为我国民营经济的重要组成部分，在经济生活中承担着举足轻重的作用。同样，第一代创业者经过了数十年的奋斗开创的家族企业，开始面临新的问题，即家族企业的继承问题。

【案例】

华帝股东纠纷——一场创一代和继承人的战争[①]

华帝的创业传奇源于1992年，被称作“华帝七雄”的7位中山

① 资料来源：搜狐财经，http://business.sohu.com/20160420/n445060555.shtml。

市小榄镇的老乡，咬牙凑足100万元，招聘20多个工人联手创办了一家生产灶具的小厂，点燃华帝的创业薪火。短短10余年，华帝之火便烧遍全国，登陆A股，成为一家广受关注的上市公司。

经过20年的艰苦创业，“华帝七雄”也在为公司的未来打算，而七人子女中年纪最长的潘权枝之子潘叶江自然成为重点培养对象。2013年4月，华帝董事会换届，潘叶江出任董事，潘锦枝与潘垣枝担任董事；“华帝七雄”中只剩下4位留在董事会，其中黄文枝担任董事长，奉命辅助潘叶江接管公司，以实现新老交替，平稳过渡。

2014年6月，为进一步推进华帝的新老交替，“华帝七雄”当中的黄文枝、邓新华，分别将所持有的华帝公司持股平台石河子九洲股权投资有限合伙企业14.99%和6%的合伙企业财产份额转让给潘叶江；华帝第二大股东奋进投资的合伙人何伯荣，也将所持奋进投资1.44%的股权转让给潘叶江。交易完成后，潘叶江间接持有华帝9.43%的股权，成为持有华帝股权最多的单一自然人。

潘叶江在掌权华帝后，开始一系列大刀阔斧的改革，以资本运作逐步清理“七雄”在华帝的战略决策和经营管理的话语权，一改华帝20多年所坚持的“所有权和经营权”相分离、企业经营职业化、利益共同体等企业文化，并加速潘氏家族的家族化治理，还提出解散“华帝七雄”的持股平台石河子九洲股权投资有限合伙企业。潘叶江的这一举动,瞬间引起了“华帝七雄”和公司经销商的不满,股权之争由此展开。

2015年8月30日,潘叶江提议召开华帝公司临时董事会,并认为董事长黄文枝对公司业绩下滑、经营恶化等负有直接领导责任,要求改选董事长。两天后,在包含接班人潘叶江在内的潘氏家族3位董事署名的提案中,明确指责黄文枝蓄意破坏经销商和公司关系,提议罢免黄文枝,改由潘叶江出任公司董事长,并获得3位独立董事的支持。2018年9月29日,黄文枝董事长职务被罢免,潘叶江正式登上了董事长之位。黄文枝主持的华帝股份交接尴尬收场。

家族企业在更替过程中主要有两种方式:一种是内部培养和选拔创业者的子女等家族成员继承股权经营公司的方式,另一种是外部引进职业经理人管理公司模式。在华帝的新老交替中,华帝选择在创始人的子女当中选拔和培养继承人。由于我国具有注重家族的传统,家族往往在社会关系中处于核心地位,对家族的责任胜过其他责任,所以在这种“家文化”的影响下,家族企业在用人机制上首先考虑的就是对家族的平衡,加之创业者的子女很可能目睹或经历了企业由小到大的发展过程,对家族企业的发展战略、竞争优势、管理方式及内部关系、运作机制等问题的了解程度具有天然的优势,这将有利于公司实现平稳过渡,因此这种模式也是我国家族企业的首选继承模式。

该模式虽然被绝大多数的家族企业广泛采用,但是也存在一定的弊端,如果家族企业的创始人有多个或者创始人有多个子女,在控制权的变更中往往会出现公司利益集团的分裂。如同华帝,因为潘叶江的掌权是“七雄”所达成的新老交接的共识,所以前期并没有惊心动魄的控制权争夺战。可是在潘氏家族掌权后,所推行的“去华帝化”的措施,如扩大潘氏家族的权力,打破所有权与经营权相分离的经营传统与理念,推行新的销售政策,罢免公司元老及创始人,甚至意图解散“华帝七雄”原有的持股平台,都超出了预料,也动摇进而影响了公司的发展。

○破局之道

目前内部继承的模式是我国家族企业的首选继承模式,而引进职业经理人以实行职业化管理也是公司发展到一定阶段所需考虑的继承模式。为了保障家族企业在继承过程中实现平稳过渡,企业可以考虑结合两者,内举外聘,如华帝的竞争对手——方太集团所提倡建立的就是这种模式。方太集团除了总经理是其实际控制人之子以外,公司所有的中高层干部,全为公司所引进的职业经理人。建议如下:

第一,公司需制订全面的继承计划,通过对继承者进行有计划的筛选和培养,建立规范化的继承程序和继承后的公司管理体制,以协助家族企业成功实现新老交替和可持续发展。

第二,继承者培养方面,家族企业的继承者不但应熟悉和掌握公司所处行业的专业知识和技能,更应具备成功领导者应有的领导能力。除了学校的正规教育及在家族企业之外的实践经验,更要重视在家族企业内部的锻炼,用自己的业绩树立威望,从而有能力接管家族企业。

第三,公司需建立家族成员的退出机制。家族成员从企业经营管理层尤其是决策层中陆续退出,是公司发展的必然需求。因此,在公司发展过程中要耐心细致地做好家族成员的思想工作,使家族成员清楚家族管理的弊端。在家族成员退出方式的选择上可以采取渐进的方式,先逐步降低家族管理者的管理权限,降低家族成员在企业管理层的比率,再通过若干次工作细分,逐步实现核心岗位的交接。

第四，建立公司的人才储备机制，对于公司的平稳过渡和发展尤为重要。因为重要岗位的员工在家族企业权力交接过程中的离职往往会对公司产生巨大的影响，所以如果公司没有一定的人才储备，容易在过渡中陷入被动。为避免此类情况的发生，可以考虑建立“AB岗”制度，即为每位高层人员选出几名有潜力的人作为他的接替者加以培训以随时接替他的工作，也可以把高层人员的工作流程、处理重要事件的案例及一些技术资料存档，以防止核心力量随高层人员的流失而消失。

第三章

小股称霸
——权责分配机制缺位

古希腊有这样一个故事：从前有个国王拥有无上权力，享受着无尽的财富。国王有个朋友非常羡慕国王这样的生活，并认为国王一定是世界上最幸福的人。国王听到这样的话后，对他的朋友说："我和你换一个位置吧。"于是国王的朋友穿上了王袍，戴上了王冠，坐在权力和财富的正中央。正当他扬扬自得时，突然发现自己头上悬着一把剑，尖端差点触到了自己，这把他吓坏了，只想逃出王宫。国王见此说道："这把剑一直悬在我的头上，说不定什么时候、什么人或物就会斩断那根细线。如果你想做统治者，你就必须冒各种风险，风险永远是与权力同在的。"创业同样如此，如果风险与权力不对等，定将给公司的发展带来重大影响。

第三章

小股称霸——权责分配机制缺位

在公司法学界，讨论保护小股东利益的论文甚至专著有很多。但是，讨论小股称霸现象，主张保护大股东利益的，则少之又少。事实上，小股称霸对大股东和公司的损害是极大的。

○小股称霸有何风险

有人说，权利和责任是一对双生儿，想要享受权利就要勇于承担相应的责任与义务。在股权设计与公司治理上更是如此，要想公司能够长治久安，必须保证参与公司管理的每个人的权、责、利相匹配。

我国《公司法》第三条规定:“公司是企业法人,有独立的法人财产,享有法人财产权。公司以其全部财产对公司的债务承担责任。有限责任公司的股东以其认缴的出资额为限对公司承担责任;股份有限公司的股东以其认购的股份为限对公司承担责任。”这91个字拟制了公司的独立人格地位,同时也规定了股东的有限的责任承担模式。而股东通过对公司的投资,将自己所有的财产的支配权让渡给了公司,换取其对公司的另一种权利——股权。股东通过股权的形式实现对公司的管理和对自身投资利益的保证,股权成为维系股东和公司两个独立人格之间的纽带,体现了股东的投资财产性权利和对公司管理权力的相统一。

股东依据其所持有的股权行使股东权利,承担股东义务,享受分红权利,而其所持有的股权也源于股东对公司的出资,一般情况下出资越多,所拥有的股权也越多。因此,一个股东所承担的风险和其所享有的权益应当是对等的,但设想,如果一个股东对公司仅投入了极少数的资金与资源,却享受大多数的股东权益,这样一来小股东在经营管理过程中,必将作出极其激进的决策。因为无论公司遇到什么样的风险,小股东自身所承担的责任是极少的,这毫无疑问将给公司和大股东带来极大的经营风险。

○并非所有的小股都不能称霸

笔者并非对全部的“小股称霸”都予以反对，事实上，在现实当中，很多公司的管理团队、实际控制人还就是公司的小股东，他们通过各种各样的股权架构实现了对公司的绝对控制权，比如阿里巴巴、京东、绿地集团等。

在这些公司中，虽然小股东不是对公司出资最多的股东，却投入了自己几乎全部的创业经历，而这些资源与人力资本的投入对于公司的发展确实极为重要，对这些“非货币”的投入，也应当在权、责、利的分配中被认可。而笔者所反对的“小股称霸”实际上是一种股东自身在公司经营上所承担的风险与其所享有的权利不对等的情况。

当然，笔者也反对单纯以货币出资额的大小来划分股权比例与股东权利的方式，关于这个问题，笔者会在下一章“论资入股”中进行说明。

1 49%∶49%∶2%，到底谁说了算

○博弈下的小股称霸

我国公司法规定，在公司章程没有特别约定的情况下，一个股东如果持有一家公司超过50%的股权，那么该股东在这家公司的股东会层面上便享有了对一般性事项的决策权，这也是一般所说的股东对公司的相对控股权；而持有一家公司超过2/3以上即超过66.67%的股权，那么这个股东对这家公司的增资、减资、合并、分离、解散、破产及修改公司章程等特殊事项也拥有决策权，这就是一般所说的股东对公司的绝对控股权。

☞小贴士

《公司法》第四十三条规定："股东会的议事方式和表决程序，除本法有规定的外，由公司章程规定。股东会会议作出修改公司章程、增加或者减少注册资本的决议，以及公司合并、分立、解散或者变更公司形式的决议，必须经代表三分之二以上表决权的股东通过。"

举个例子，假设一家公司的股权结构出现3个股东的持股比例分别为49%、49%、2%的情况。

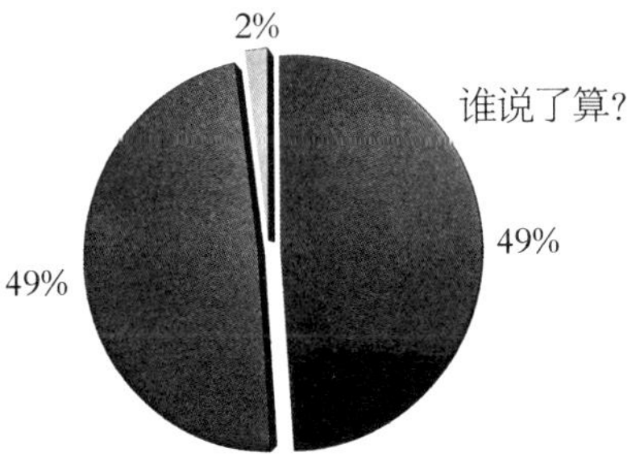

图3-1　持股比例49%:49%:2%

虽然2名大股东分别持有公司49%的股权，但因所持的表决权比例在没有特殊约定的情况下并未超过半数，那么仅1名股东在股东会层面上并不能形成决策。如果该公司想要在股东会层面形成决议，就必须要求至少2名以上股东相互达成一致行动的共识。在这种情况下，无论是持有公司2%股权的股东还是持有公司49%股权的股东，在决策时都无法单独形成决策，因此两者在表决权层面上并无区别。

这种股权比例的设计结构背后包含着一种均衡之道，如果2名持股49%的大股东在经营思路上出现对立，那么持有2%股权的股东，自然成为2名大股东笼络的对象，此时因其和任意股东达成共识即可形成决策，反而在博弈中对公司的控制权产生了重大影响。

这种方式并不是纸上谈兵，其在实践中也是存在的。当然，用2%的股权来实现公司的控制权只是一种最为极端的方式而已。

【实务案例】

"间于齐楚"——博弈于2个投资人之间的创业团队

杭州某网络科技公司在发展前期需要筹措大量资金，由于管理团队在初期缺乏创业经验，对于股权的重要性也没有足够的意识，所以在引进第一个投资人时，管理团队的股东就以股权转让的方式让渡了自己手中30%的股权。

随着公司的进一步发展，公司的资金需求也在不断加大，管理团队随即进行了第二轮融资。在这轮融资中，管理团队考虑到第一轮引进的投资人所持股权比例过高，且该投资人总是对管理团队施压，甚至试图影响公司的管理和对重大问题的决策，因此，决定在第二轮融资中，将错就错，同样以转让30%股权的形式，引进了另一个背景雄厚且经营管理思路和第一轮所引进的投资人略有不同的投资人，最终2个投资人与创业团队之间形成了30%:30%:40%的股权比例结构。

这是一个真实的案例，这家公司也是笔者的客户之一。这样的做法看似管理团队在股权比例结构上放弃了对公司在股东会层面的控制权，但折射了管理团队治理公司的另一种智慧。在这样的股权比例结构之下，三方股东都不能单方形成股东会决议，而投资人之间因为所持公司股权比例都有参与公司管理和决策的想法，但是由于双方的经营思路略有不同，两者之间难以在股东会层面形成一致的决策，且两者股权比例相加之后也不足总股权的2/3以上，即便两者达成一致，没有创始股东的参与，也难以对增减资，公司的解散、分立、合并及修改公司章程等重大事项形成决议。因此，管理团队可斡旋于两方投资人之间，以博弈的方式实现对公司的控制。

简而言之，其实，在一家公司，各方股东，只要出现任一方股东无法形成决策，而任意双方结合就可形成决策的情况，如果大股东之间存在一定的利益冲突或分歧，那么自然而然，小股东就能在同大股东的博弈中提升自己对公司的影响。

这样的股权结构听起来非常有趣，似乎小股东在博弈之中能以弱胜强，实现对公司的控制权，但是，在这样的股权结构下，由于公司缺乏实际控制人，正如笔者在“群龙无首”一章中介绍的那样，这样的股权结构容易形成公司治理的僵局甚至产生股东纠纷；而且，在这样的股权结构下，大股东虽然承担了绝大多数的出资及相应的经营风险，但是无法掌握对公司的控制权，甚至要在博弈中牺牲自己的利益，显然也是有失公允的。

〇破局之道

前面介绍的博弈下的小股称霸，无论是极端的以2%的股权对公司产生重大影响甚至是控制公司的例子，还是来自杭州某网络科技公司的真实案例，其产生的原因为：第一，公司在进行顶层股权设计时出现实际控制人缺位的情况；第二，股东的权、责、利不匹配。因此，在解决方案上笔者建议采取如下对策。

第一，明确公司的实际控制人。

现在有许多创业公司受到阿里巴巴、京东等公司的影响，创业团队往往持有较少的股权，希望通过AB股、委托投票权、超级合伙人制度等实现对公司的控制权，以便释放大量股权来获得融资或吸引优质合伙人。毫无疑问，这些手段确实能确保创业团队在一定程度上实现对公司的控制，但如果没有合理的权、责、利衡量评价机制，这些实现控制权的手段也不能一劳永逸。

第二，合理评估股东的人力资本投入。

(1)重视人力资本的投入

创始团队在缺乏股权设计和投融资知识储备，完全没有考虑到公司所运作项目的未来价值及创始团队的人力资本投入的情况下，采用这样的融资方式，毫无疑问会为未来的公司发展埋下巨大的隐患。在笔者访谈过程中，前文所介绍的杭州某网络科技公司的团队负责人不禁感慨道："那次融资真的是太失败了，完全不懂，释放的股权太多了，拿的钱也太少了。"以上文所介绍的杭州某网络科技公司的情况为例，这家公司的股权结构出现问题始于其第一次融资，即以股权转让的方式进行融资，且向投资人释放了30%的股权。据笔者的了解，之所以释放这么大的股权，并非因为创始团队希望借此机会套现，而是因为当时公司的注册资本为1000万元，创始团队需要300万元的投资来实现项目的开发，因此以股权转让的形式转让了300万元的认缴出资义务给投资人，投资人在约定期限内完成了300万元出资缴纳实现了投资。

（2）采用正确的估值、融资办法

目前市场上对创业企业的专业投资模式主要采用溢价增资的模式，就是按照一定的估值方式，如PE估值法、PS估值法等，结合公司历史上创业团队的投入，公司目前的发展情况，以及未来行业及项目的发展前景，对公司进行合理的估值，并以估值为基数，计算出自己的投资款应占公司股权的数额，然后以增资方式进入，投资款部分进入注册资本，部分进入资本公积。例如，某公司现有注册资本100万元，有一家投资机构拟向该公司投资100万元，投后公司估值为1000万元，那么按照前文介绍的溢价增资方式，这家投资机构应该占增资后10%（10%=100万元/1000万元）的股权，其中100万元中有11.111万元进入公司的注册资本，剩余88.889万元的投资款作为股本溢价计入公司的资本公积，这样在完成融资后公司的注册资本由100万元变为111.111万元。同样,为保障投资人的投资权益,公司在享受溢价增资的同时,管理团队通常也要在投资协议中向投资人作出合理的业绩承诺,并约定相应的投资人利益保障条款。这样操作的好处在于能有效地平衡股东的权、责、利,实现股东权利与风险的统一。

2 一人一票，究竟是“民主”还是对资本的“暴政”

现代民主制度，强调人人平等，少数服从多数，以维护人民的权益，实现公平与正义。然而在股权架构与公司治理中，这样一人一票的治理模式却绝非“民主”的体现，相反却是对资本的一种“暴政”。

【实务案例】

一人一票下的“暴政”

某地因政策改革，要求所有个体经营的客运大巴车必须挂靠于当地运输事业单位下属的服务中心，并按照政策规定的标准进行统一管理及收益分配。大巴车经营者王某等10人，认为这样的方式有损于大巴车主的现有利益，于是10人将每人各自所有的一辆大巴车以实物出资，各持有公司10%的股权，设立了一家客运服务公司，并依法获取了营业执照，进行自主经营。

起初10人签订了一份《股东协议》，约定了“一人一车一股”的表决机制，并约定出资车辆由各股东自行承包负责经营，每人每车每月向公司缴纳500元管理费，剩余收益归属股东个人所有。公司起初在这种模式下运营顺畅，但是随着管理费用、房租等成本的增加，这样的经营模式很快使公司出现了亏损，公司的现金流也不足以支付管理人员的工资和房租。为解决公司资金短缺的问题，公司作出了股东会决议，由王某以货币现金形式增资80余万元，增资后王某获得了公司53%的股权，公司现金流不足的问题也得到了暂时性的解决。

但是，随着运营成本的进一步增加，每人每车每月向公司缴纳的500元管理费，根本没法维持公司的正常运营，公司很快又陷入了资金缺乏的状况，且公司也一直因为缺乏资金无法进一步发展，在市场竞争中根本不具任何优势。这时王某提议解除原有的《股东协议》，将大巴车收益统一归还公司，以解决现金流问题，同时提议按各股东的持股比例对公司的利润进行合理分配。王某的提议遭到其余股东的强烈反对，同时股东们还召开股东会罢免了王某执行董事、法定代表人的职务，全面接管公司。

王某沟通无果，将公司现执行董事、各股东诉至法院，以其损害公司利益为由提起股东代表诉讼，要求各股东归还出租车营业收益于公司，并要求公司以各股东持股比例进行分红。法院一审判决以各股东此前所签的《股东协议》合法有效为由，驳回了王某的诉讼请求。

在这个案例中，王某显然是“一人一车一股”的受害者，王某对该公司的投入较其他股东而言毫无疑问是最多的，且原先签订的《股东协议》所约定的承办经营方式显然已经与当前的市场环境脱节。但在司法实践中，通常认为，股东协议虽然名为协议，但在主体上包括公司和全体股东，内容上属于公司章程的法定记载事项，效力上具有仅次于章程的最高效力，其法律性质应属对公司章程相关内容的具体解释。关于股东协议的相关问题，笔者将在第八章进行详细论述，在此不展开说明。

王某在其持股比例无法达到修改公司章程约定的情况下，也难以以其一已之力调整《股东协议》所约定的相关表决及分红机制。可见，无视股东投入，按“一人一票”的方式治理公司绝对是对股东所投入的货币资本及人力资本的"暴政"。

"一人一票"的"暴政"不仅体现在股东会层面,还体现在董事会层面。

【实务案例】

甲、乙两家公司为同行业竞争多年的老对手。经过几年的竞争,两家公司决定摒弃前嫌,共同出资设立一家新公司合作经营,同时两公司签订《股东协议》及公司章程,约定新公司中甲公司持股55%,乙公司持股45%,各股东按各自持股比例行使表决权。新公司设董事会,其中甲公司委派2名、乙公司委派1名董事,董事长由甲公司委派的董事担任,董事会按一人一票行使表决权,所作出的决议需经过全体董事一致同意,同时,两家公司不得再经营同类业务。

这样的约定看似合情合理,但是好景不长,由于两家公司竞争多年,所以在经营思路上暗自较劲,谁也不服谁。《股东协议》及公司章程中约定,董事会所作决议需经全体董事一致同意,导致公司成立以来董事会没有达成过一项决议,最终双方不欢而散。

董事会是公司的最高执行机构,负责日常的较大事项的经营决策，而且掌控了高级管理层的人事任免权，所以说控制了董事会就意味着控制了公司的日常经营。董事会在表决上采用一人一票的形式，如果约定董事会决议需经全体董事一致同意通过，必将导致僵局，从而对公司的日常经营产生不利的影响。

○破局之道

根据前文所述，在公司股权设计的过程中，应当尊重“资本多数决”的原则。“资本多数决”的意义在于用一个经济、高效的方法去统一公司背后众多股东的意志，使其成为统一的公司意志。这既符合商业规律和市场决策对效率的要求，又体现了股东权利、责任、利益的一致性，因此在股权设计中应尽可能地避免在股东会层面上的“一人一票”，或董事会及董事会层面的全体一致通过的约定。

但是，我们在看到“资本多数决”的优点的同时，也应当看到，如果一味地按照出资比例匹配股东权利，也极易造成对小股东权利的削弱，甚至会促使大股东滥用股东权利损害小股东利益。因此，除了第一节中所述的那样，要正确评估各个股东的权利与责任外，还需要在某些重大事项上，在确保“资本多数决”原则的同时，建立中小股东权利的保证机制。

在实践当中,笔者建议对会给一些中小股东造成重大影响的,或者中小股东所密切关注的事项,可以在合理的范围内提高“资本多数决”比例,或在“资本多数决”的基础上匹配一定的按照股东人数表决的“人头决”。如,在公司解散、合并、分立、破产,修改公司章程,出售公司重大财产,关联交易等重大事项上,可以适当提高“资本多数决”比例,或者约定在满足资本多数的基础上,要求一定数量的股东同时通过,以起到保护中小股东的目的。但需要注意的是,如果需要匹配“人头决”,一定不能约定过高的比例,更不能约定全体股东或董事一致通过,否则又将陷入对资本的“暴政”旋涡之中。

3 AB股制度，失控的表决权“杠杆”

2018年7月9日，小米以AB股首登港股，AB股再次被推到聚光灯下，引起大众热议。在AB股的讨论中，舆论似乎一边倒地支持港交所的创新，并希望内地也能作出相应改革，支持同股不同权。然而，AB股是一把双刃剑，在其能够以少治多，实现创始团队的控制权的同时，也可能因其杠杆失衡损害其他多数投资人的利益。

【案例】

失控的表决权“杠杆”[1]

2014年5月16日，中国电商平台“聚美优品”正式登陆纽交所，成为在纽约证券交易所上市的第一家中国电商公司。作为一只标准的“中国概念股”，“聚美优品”受到资本市场的热捧，当天市值飙升至38.7亿美元。在国内其他的同行平台还在苦苦烧钱、撕咬、争夺市场的时候，“聚美优品”已经实现了其公司市值的兑现。而其CEO陈欧也名利双收，身家达到98亿元，先后入选“2014中国互联网十大风云人物”“时尚芭莎男士品位成功年度人物”“亚洲十大年轻富豪”名单。

但是好景不长，2个月后，“聚美优品”因为第三方商家被曝光销售假冒服装和手表，在美国遭受多家公司的共同起诉，自此“聚美优品”身陷售假旋涡，股价暴跌。对此，陈欧迅速将“聚美优品”从电商平台转型为自营电商，而“聚美优品”原本是依赖电商平台起家的，断然从开放平台转变为封闭平台，经营逻辑的360度大转

① 资料来源：新浪科技，http://tech.sina.com.cn/i/2016-02-24/doc-ifxprqea5157356.shtml。

弯导致公司瞬间失去了原有的技术优势，同时也加大了企业直营采购、仓储物流，以及人员招聘、培训和管理的难度与成本。“假货风波”不仅使“聚美优品”慢慢失去客户，也失去了更多的合作伙伴和入驻品牌。加之阿里巴巴、京东等电商的强势竞争，“聚美优品”的股价持续暴跌。

面对股价暴跌，陈欧与管理团队认为“聚美优品”在美股被严重低估，于是在2016年2月启动私有化程序，包括陈欧、戴雨森、红杉资本在内的买方财团以7美元的价格对“聚美优品”进行私有化。这也意味着，在VIE和AB股的架构下，拥有90%投票权的陈欧等买方团仅用3亿美元左右，就可以将中小股东手中的股份收回，对此，网络披露有超过150名中小股东计划联合起诉，维护自身投资利益。

AB股制度也叫作双重股权结构或二元股权结构，是指上市公司进行同股不同权的设定。按照该规定，通常一般股东同股同权即一股一票，但公司少数高管为了实现控制权可以一股数票，这是一种通过分离现金流和控制权而对公司实行有效控制的手段。区别于同股同权的制度，在双重股权结构中，股份通常被划分为高、低两种投票权。高投票权的股票拥有更多的决策权，每股具有2至

10票的投票权，主要由高级管理者持有；低投票权股票的投票权只占高投票权股票的10%或1%，有的甚至没有投票权，由一般股东持有。

这样的制度下，少数高管可以通过特殊的投票机制以极少的股权实现对公司的控制权，有利于稳定对公司的控制，但是在某种程度上，就如同“聚美优品”的案例一样，将对公司的中小股东产生巨大的损害。

○破局之道

由于A类股份的表决权大大高于B类股份，所以A类股份持有人会对公司决策产生重大影响，并能影响几乎所有股东决议案的结果。如果A类股份持有人的利益与股东整体利益无法完全一致，投票权集中可能会损害公司的实际利益，也可能导致延迟、递延或阻止公司控制权的变动，令公司无法及时对表决机制进行纠错，因此，如何在特定的情况下制衡A类股份就显得格外重要。

对于A类股份的制衡，小米给出了相应的解决方案。从港交所披露的小米集团招股书中可以看到，对A类股份的制衡主要表现在两个方面：

第一，提高重大事项的决策比例。

依据小米集团的招股书，关于重大事项须由有权投票的小米集团股东在股东大会上亲自或（若股东为法团）其正式授权代表或（若允许委任代表）受委托代表以不少于3/4的大多数票通过。

从目前网络披露的小米集团的表决权分配情况来看，雷军持有集团31.41%的股份，其中的20.51%为A类股份，10.9%为B类股份；而林斌共持有集团13.33%的股份，其中A类股份为11.46%，B类股份为1.87%。通过换算，按照目前网络披露的信息来看，雷军拥有公司55.7%的表决权（不含表决权委托），而林斌拥有30%的表决权。

这就意味着，如果小米集团要决策通过包括回购股份，合并、分立公司，修改公司章程，修改公司现有股份类别等重大事项，就同时需要至少雷军和林斌二人的同意。这一机制的设立，在保障小米集团决策效率的同时，也有效地提高了小米集团关于重大事项决策的科学性和合理性。

第二，设立AB股同权的保留事项。

依据小米集团的招股书，在股东大会就决议案进行投票时，就保留事项而言，A类股份每股可投一票，这就意味着在包括①修订大纲或细则，包括修改任何类别股份所附的权利，②委任、选举或罢免任何独立非执行董事,③委任或撤换本公司核数师,④本公司主动清盘或解散等保留事项的表决上,A类股份将不再享有10倍于B类股份的特权,两者将回归同股同权进行公平表决。如此一来,将会极大地保护小米集团普通投资者的利益,保障决策的科学性。

第四章

论资入股——股权评价机制缺位

在如今的创业环境下，资金往往不是唯一的，有时资源在企业经营管理的过程中也具有极其重要的地位，甚至重于资金。我们看到，随着市场的不断发展，股东的出资方式越来越灵活多样，除了公司法规定的出资方式以外，现实中还存在许多对企业发展而言至关重要的客户资源、市场渠道等，这些资源在某种程度上不亚于资金对创始企业发展的重要性。可现实中，企业内仅以资金论排行，仅以资金分股权的现象依然大量存在，这在股权设计中属于股权评价机制缺位，对企业的可持续发展不利。

第四章

论资入股——股权评价机制缺位

根据《公司法》第二十七条，股东出资是指以货币、实物、知识产权、土地使用权等财产认缴或实缴公司注册资本总额。履行了股东这一最基本的法律义务就获得股东的身份资格，从而可以行使股东的各项权利。根据法律规定，除货币外的法定出资财产必须具备两个要素：一是可以用货币估价，二是可以依法转让。

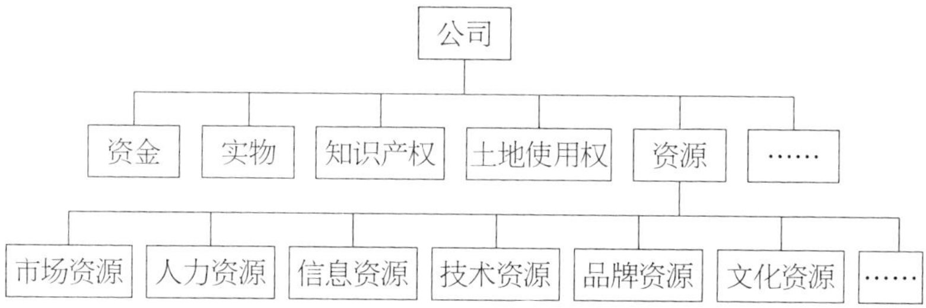

图4-1 股权评价机制

随着经济社会的发展及社会对人才需求的加剧，仅以法定出资财产出资已经越来越无法满足一些企业的现实需要，尤其是科技创新型企业。股东不仅可以货币和可用货币估价，且可以可依法转让的非货币财产作价出资，还可以市场资源、人力资源、信息资源、技术资源、品牌资源和文化资源等具有人身依附性的企业资源作价入股。换言之，公司不仅要评价股东的实际出资，还需要对股东掌握的其他资源进行评价。因此，若是仅仅就股东的出资财产“论资入股”，实际上就是公司股权评价机制缺位。公司纯粹以股东的出资作为评价股东贡献、设计股权结构的依据，忽视了股东所掌握的其他资源，会导致公司股权结构不合理、不科学，进而引发各种负面问题。

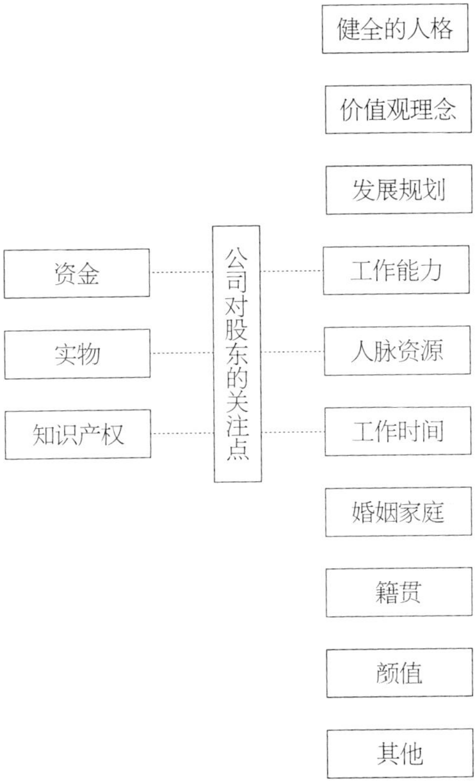

图4-2　公司在设立初期对股东的关注点

在公司设立之初,公司对股东的关注点有很多,比如会关注股东的资金实力,同时会考虑该股东的人品、价值观、发展规划、工作能力、婚姻家庭、籍贯等。笔者服务的客户中,有家主营网红经济的企业,据该企业实际控制人的介绍,他们在选择股东时甚至会考虑股东的颜值。一般较为常见的出资资源有人力资本、技术及其他创业资源。这三者在出资要素中较为常见也更为重要,因此,后文将就这三者展开论述。

1 人力资本是否可以作为出资入股

公司股东身上的人力资本是指依附于其自身，在一定期限内以劳动、服务等形式提供给公司，能够为公司带来一定预期经济效益的人力资源，通过法定形式转化而成的资本，表现为技术人才、管理人才及营销人才的研发技能、管理才能等。以人力资本出资，即凭借人力资本所有者自身所拥有的研发技能、管理才能、知识储备等，以为公司提供劳动、服务等形式，在经特别的评估程序后获得股东资格及一定份额比例的股权，从而享有公司股东的权利与义务的方式。

推行人力资本出资，有利于进一步解决员工购股的资金来源问题。笔者在为大量的初创企业做股权激励项目时发现，较多企业的拟激励对象在购股的资金来源上存在问题，若是允许一些有价值人才以其自身所具备的人力资本作为出资财产，不仅可以提高股东的认股能力，而且能够加强和肯定激励对象所具备的人才价值，充分发挥其所长，进而推动公司的进一步发展。

在创新创业时代，一些年轻的创业者一般可能缺乏创业资金，但掌握着创新性的企业发展观念及先进的技术。为了让创业者在创业初期就能掌握企业的控制权并发挥其最大的人力价值，以人力资本出资的方式是其不二之选。以人力资本作为出资财产，人们会更有动力去追求知识，锻炼自身的科研能力和创新管理水平，引领社会从注重财力走向注重能力，最终真正实现大众创业、万众创新的局面。

【案例】

雷士照明的第一次股权之争[①]

1998年，在一个烧烤摊上，吴长江和高中同学杜刚、胡永宏三人举杯合意，共同创立了雷士照明。其中，吴长江出资45万元，持

① 资料来源：智通财经网，https://www.zhitongcaijing.com/content/detail/42943.html。

股45%;杜刚、胡永宏两人共出资55万元,各持股27.5%。两年后,雷士照明在吴长江的带领下年销售额达到了7000万元。

2002年,三个合伙人逐渐有了分歧,最核心的问题在于赚的钱应该怎么用。吴长江一直主张扩张,赚了钱就要投入公司里再发展,而杜刚、胡永宏希望赚了钱要分红。随后,公司对股权结构进行了调整,雷士照明向吴长江支付了1000万元,吴长江、杜刚、胡永宏三人各持股33.33%,而且工资、分红也完全均等。对于股权调整的原因,吴长江的解释是公司分红时他拿得最多,把兄弟情义放在第一位的他很不舒服,所以主动稀释自己的股权。而杜刚、胡永宏在这场悲情的争夺战中选择沉默。当时,也有另一版本的传言:嗜赌的吴长江从雷士账面上拿了太多钱充当赌资,不得不稀释股权。对于嗜赌,吴长江本人也并不讳言。至此,雷士彻底变成了一个平均主义的公司,然而这个平均主义的可怕之处在于,三个股东此刻的裂隙已经无法弥补。吴长江虽对公司作出了巨大贡献,但其对公司的控制权反而受到了削弱,隐患就此埋下。

2005年,在公司成立八周年之际,雷士照明做到了全行业第一,但冲突由此而来。三位股东在公司的发展战略上首次爆发了激烈的冲突,杜刚、胡永宏两人希望稳健发展,吴长江则希望急速发展，为此，三人在董事会上大吵了一架。

事后，杜刚、胡永宏联手，以2/3的控股权将吴长江踢出公司，要求吴长江拿8000万元走人。一周后，戏剧性的一幕上演，全体经销商"倒戈"，要求吴长江留下重掌企业。经过投票，杜刚、胡永宏被迫各拿8000万元离开公司，吴长江在这场股权争斗中翻盘成功，而经销商投票公决上游公司命运的这一幕，也被深深地印刻在了中国商业史里。

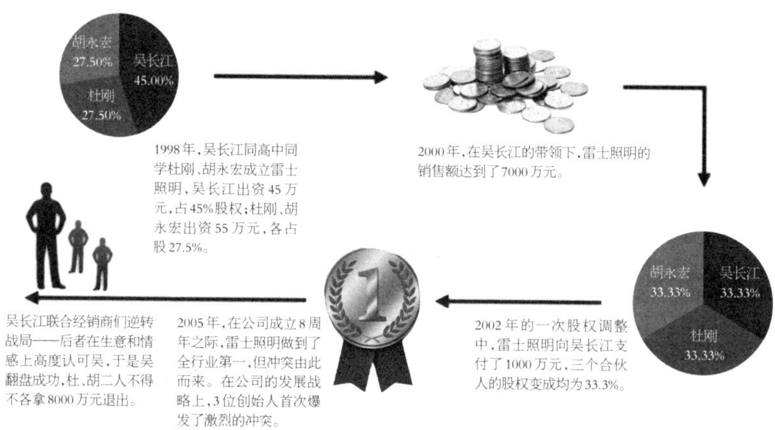

图4-3　雷士照明的股权之争

雷士照明成立之初，从股权结构来看，虽然吴长江是第一大股东，但若是另外两位股东合计持股的话，吴长江又只能作为小股东。三人单纯按照各自的出资比例来划分股权,恰恰忽视了三人对公司的人力资本的贡献值是不同的。从实际来看,吴长江对于雷士照明的迅速崛起发挥了不可替代的决定性作用,这是雷士照明股权评价机制的缺位。在三人之间的矛盾全面爆发之际,由于杜、胡二人持股比例合计达到2/3,吴长江无法在正面与杜、胡二人抗衡,但是他实际掌握了雷士照明的销售体系,而公司绝大多数的经销商在业务与情感上都和吴长江达成一致,一旦吴长江被踢出公司,雷士照明的整个销售体系极有可能趋于崩溃。由此可见,吴长江对销售渠道的控制力也体现了其对公司的实际价值。设想一下,如果吴长江没有选择联合经销商翻盘,而是选择另起炉灶,那么对于雷士照明来说估计又是另一种结局。

当然,实务中对人力资本的评价不仅体现在股权方面,还体现在薪酬管理制度上,大家可能也曾听到不少公司高管月薪高达上百万的消息。显而易见,若是企业未将某股东所带来的人力资本的无形贡献体现在薪酬管理制度上,又未体现在股权的匹配中,则必然存在隐患,或是对人力资本的评价缺位,或是人力资本的价值被低估。

○为何会出现人力资本缺位或被低估的问题

(1)立法上并未将人力资本作为法定出资财产

《公司法》第二十七条规定,股东可以用货币出资,或者用可用货币估价且可以依法转让的财产作价出资,如实物、知识产权、土地使用权等。《中华人民共和国公司登记管理条例》第十四条规定,股东不可以通过劳务的方式作价出资。当然,此处的劳务与本节中所提的人力资本是否应认定为同一概念尚待商榷,但笔者认为,劳务更侧重于一种可见的有形活动,而人力资本是指个人的知识储备、实践技术及各种创新开发能力。

目前,我国有部分地区在地方性的法律文件中已明确将人力资本出资合法化。例如,2005年5月31日,上海市人民政府办公室发布《浦东新区人力资本出资试行办法》;2006年2月15日,温州市人民政府办公室发布《温州市人力资本出资登记办法(试行)》;2016年12月29日,珠海横琴新区发布《中国(广东)自由贸易试验区珠海横琴新区片区人力资本出资管理办法(试行)》等。然而,在实务中依然存在大量难以将人力资本量化、合法化的问题。

(2)人力资本出资在实际操作中有较大障碍难度

人力资本出资由于其不同于传统法定出资的特点,实务中存在较多难以解决的问题。第一,人力资本在评估作价上难以被合理量化,不能形成客观、科学的证明结论。实务中一般是人为地协商确定,但协商一来不一定能真实反映人力资本的价值,二来也可能因对人力资本价值看法不一在股东内部造成矛盾与冲突。第二,人力资本在转让上存在人身依附性。由于人力资本必须通过其持有人以劳务、服务等形式为公司提供相关支持,所以难以直接进行股权转让。第三,人力资本出资在资本充实上存在贬值等问题。随着公司对高新技术、管理水平等的需求不断增加,人力资本亦会出现贬值等问题。当公司因经营不善需要清算时,由于人力资本无法变现,所以对这部分出资难以实现有效的保障,从而保障债权人等交易相对人的利益安全。另外,由于人力资本持有人也可能遭受身体健康、意外事故等风险,在资本的安全性保障上也无法企及其他法定出资财产,不利于公司资产的保障与维护。

(3)缺乏专业人士的指导

尽管实务中存在人力资本价值缺位或被低估的问题,但是企业并未因此而予以重视,因为缺乏专业人士就人力资本出资提供相应的指导。在人力资本出资的评估、避免其贬值及股权限制方面,若是由专业人士如会计师、律师等提供专业性的指导,则在一定程度上也能降低风险发生的可能性。

○破局之道

试想,当一群创业者坐在一起讨论某股东以人力资本出资入股的问题时,大家需要沟通的问题是什么?

第一个问题,必然是该股东的人力资本价值多少,即估值问题。实务中一般对于人力资本的估值可经全体股东协商一致确定定价,在维度方面可以参考该股东的市场身价,或根据该股东目前在市场同行业中,在未分配股权的情况下可以获得的薪酬收入,并结合公司的实际资产情况来确认其附属人力资本的价值。

第二个问题,出资主体问题,即由谁来对该股东的股权份额进行出资。存在两种情况:一种情况是目前在部分地区人力资本可依法经资产评估或协商后作价出资,无须另行以《公司法》第二十七条规定的法定出资财产进行出资,即出资主体就是人力资本股东本人;另一种情况是无法以人力资本登记出资,那么在初创企业设立初期,在创始合伙人都未从公司领取高额报酬的情况下,全体股东可自行协商讨论由谁代为出资,但这个决议必须经所有股东同意,缺一不可。实务中较为常见的是由大股东代为履行出资义务,或者除人力资本出资股东以外的其他股东同比例代为承担出资义务。

第三个问题,在人力资本能够自行履行出资义务的情况下,需要以科学配股的形式实现对人力资本的客观评价。试想,若一个企业注册资本比较少,而各股东都有经济实力来自行履行出资义务,包括人力资本股东,那么不存在由其他股东代其履行出资义务的问题。既然以人力资本作为出资条件,则必须对该人力资本有一个较为科学合理的评价机制。实务中较常见的做法便是在股权的分配上对人力资本股东实现适当的较高比例的配股。

第四个问题,对人力资本股东的限制问题。既然人力资本股东的出资义务可能由其他股东代为履行,或是其可分得较高比例的配股,以及人力资本由于其特殊属性,存在不稳定状态,那么从公司的整体利益出发来看,在公司经营管理过程中必须对人力资本股东进行相应约束,可参考以下三方面的限制内容:

(1)工作年限

可对其工作年限进行限制,约定人力资本股东必须与公司建立劳动合同关系至少5年。若是公司有上市发展战略规划,而该股东又对公司上市进程的实现起着至关重要的作用,也可约定直至公司上市期间,该股东均须与公司保持劳动关系。

(2)出资贬值后进行填补

因人力资本依附人身,所以存在较多不确定因素,在出资后很容易出现缩水或贬值的情况。对此,可对该股东的工作成果提出相应要求,避免出现“磨洋工”的情况,比如对技术型人才,可对相关软件的升级版本提出硬性指标等要求。另外,可参照《公司法》对于法定出资财产的资本充实责任的规定,由人力资本出资人在出资缩水或贬值的范围内以法定出资财产补缴出资义务;或考虑强制减少其所持股份,通过减资间接实现对股权结构的动态调整;此外,还可考虑设置股权暂存制度,即人力资本出资人在认缴获得的股权时,与公司原有股东签署一份附生效条件的股权转让协议,将其所持股权暂存公司或其他股东处,即以股权代持的方式操作。因人力资本股东以人力资本出资,必然涉及约定其须向公司履行的具体义务,待其履行其特定方式的出资义务后,才可将其可获得的股权及完整权利全部赋予该出资人。如此,也可促使其勤勉尽责地履行其特定的出资义务,以实现人力资本对公司发展的价值。

(3)转让限制

以人力资本出资设立的公司的信用往往更多地建立在人力资本股东的个人能力上,一旦人力资本出资股东退出公司,则可能不利于公司的发展,且会损害与公司交易的相关人如债权人的利益。因此,对人力资本出资的转让必须作出一定限制。

首先,出资履行期限内不得转让。目前,广东等地的有关人力资本出资的地方性法律文件直接对人力资本股东的股权,作出不允许在人力资本出资履行期限内转让的规定。这对公司而言是有效的保障方式,但同时也不利于资本的运用与盘活。一般而言,对于股东的退出期限,公司会根据其战略发展规划作出一定限制,比如约定在公司成立起5年内不得退出公司。但这并非强制限制股东的退出,而是以限制退出的期限为基准,对股东在该期限前退出与该期限后退出的价格予以区别设置,以此来平衡退出时的公平合理性与股东的自由进出。因此,对于人力资本出资股东,可以在公司章程等文件中根据公司的实际战略规划情况进行规定,在几年内以一个较低的价格退出,几年后以一个较高的价格退出。

其次,经一定比例的股东或债权人同意后转让。《公司法》第七十一条规定,股东内部转让可自由转让,对外转让须征得过半数的其他股东的同意,公司章程可另行约定。由于人力资本股东在对公司的经营管理、研发创新等方面具有不可替代的关键性作用,所以对于该类人才的股权转让可由公司集体决策,比如可设置由代表公司表决权2/3以上的股东同意后才可转让。人力资本股东的退出可能会影响公司的经营效益,从而影响对公司债权人的债务履行能力,因此可约定人力资本股东的退出须经过一定比例的债权人同意。

最后,参考股份有限公司对于发起人等特定持有人转让持股的限制规定。《公司法》第一百四十一条就股份有限公司对于发起人、董事、监事、高级管理人员等特定持有人转让持股作出限制性的规定,主要就是基于这些人员对股份有限公司的稳定和运营的连续性有着重要影响,对于人力资本股东,也应当加强其与公司之间的联系,将公司的利益与其个人利益联系在一起,以促使其尽职尽责地将其具备的价值与才能作用于公司的发展中。可考虑参考股份有限公司对于发起人等特定持有人转让持股的限制规定,除了对转让股权的期限进行限制外,对于其允许转让股权的期限内每年对外转让的股份比例予以限制。

2 “技术流”应当如何解锁技术出资问题

近年来,科技创新型企业持续受到市场热捧,成为备受资本青睐的行业。对于资金能力有限的创始团队,若是有相应的技术资源,则在企业出资上往往会考虑采取技术入股的方式。那么,这些“技术流”应当如何把握技术入股的合规性,如何避免可能存在的风险呢?

○依法可入股的技术

(1)《公司法》对于技术出资的规定演变

我国针对技术出资的法律规定主要体现在《公司法》中。自1993年颁布以来,《公司法》对股东的出资方式进行了数次修订,其演变可分为三个阶段。

第一阶段：自1994年7月1日至2005年12月31日，即《公司法》(1993)、《公司法》(1999年修正)、《公司法》(2004年修正)均采取狭义列举方式，明确股东可使用经评估作价的4类非货币财产出资入股，包括实物、工业产权、非专利技术、土地使用权。工业产权在当时的司法实践中主要指商标权和专利权，不包括著作权。此外，工业产权与非专利技术合计出资不得超过注册资本的20%，但国家对采用高新技术成果有特别规定的除外。

第二阶段：自2006年1月1日至2014年2月28日，即《公司法》(2005年修正)放宽了出资范围及出资比例限制，以“知识产权”的概念代替了原先的“工业产权”，并明确其他可以用货币估价并可依法转让的非货币财产也可作价出资。此外，对于非货币出资额的比例放宽至不超过注册资本的70%。

第三阶段：自2014年3月1日至今，即《公司法》(2013年修正)直接删除了对非货币财产出资的比例限制，进一步放宽了股东出资的方式，使得股东出资更加灵活。

从《公司法》对于股东出资的规定的演变中，我们看到股东的出资方式日益多样化，那么究竟什么样的“技术”可以合法作价出资呢？除了经有关部门授权许可的专利权等知识产权明确可用于出资外，其他技术在同时满足四个要素的前提下也可用于股东出资入股：第一，可以用货币合理估价；第二，可以依法转让；第三，法律、行政法规未禁止作为出资财产；第四，依法办理财产权转让手续。

(2)技术出资的四大问题

对于技术出资的合法合规性，可以参照有关监管部门对拟上市公司在IPO前针对技术出资的审查关注要点。鉴于在IPO审查中需要审查股东历次出资的合法合规性，对于历史的技术出资，应当根据出资当时所适用的法律规定来判断该技术出资是否合法，比如是否存在技术出资的比例限制问题。此外，IPO前的审查对技术出资所应履行的评估程序、财产转移手续是否完备尤为关注，比如用于出资的技术是否经有证券资格的评估机构评估或复核；审查还会关注发行人用于出资技术的具体内容、来源、形成过程，以及出资技术对发行人生产经营等方面的作用及影响等问题。一般来说，在法定的技术出资中，可能会存在四大问题。

第一，权属不清晰。首先，股东用于出资的技术必须源自股东个人所有的技术财产，该项技术不得涉嫌职务发明，而应当依托本人专业知识独立研发完成;其次,用于出资的技术不得存在任何权属纠纷;再次,还应明确该股东或公司未因持有或使用上述技术与第三方产生诉讼、仲裁或其他争议、纠纷。

第二,经营无效益。股东用于出资的技术应当与公司的经营业务相关,若是凭此技术难以给公司的发展带来贡献,可能在公司设立之初碍于情面不存在大问题,但在公司走资本市场拟IPO时,就可能成为监管问题。一个股东将其持有的某项电子晶片研发技术出资至一家影视传媒公司,能体现其技术价值吗?当然不能。

第三,评估有水分。对于法定的技术出资,必须进行合理的评估作价,评估结果将会直接影响技术出资的作价金额,但实务中"评估报告猫腻多"的现象屡见不鲜。而且,若是出资的技术与评估基准日时的资产状态、使用方式、市场环境等发生显著变化,可能导致技术资产价值发生重大变化,这种情况下应考虑重新进行资产评估,否则依然属于不合理的情形。

第四,转移未到位。转移手续到位的标准,应该是出资技术实际运用于公司的生产经营中。比如,若是有关部门发放证书的知识产权,则应当确认权属证书所有人的变更手续;若是其他非登记的专有技术,则需要确认相关技术转让协议,并完成验资手续。

○附带人身属性不可转让的一般技术资源

我国《公司法》对技术出资有相关规定，前文已经明确了能够合法作价出资的技术所要求的必备要素，而在实务中依然存在许多不具备这些要素的技术资源。例如，一位技术型人才是编程高手，善于制作各种数据库，在如今这个智能信息化时代，他可以将公司的产品实现电子信息化运作，且可以通过各种自主编程的端口如网站、小程序来同客户进行对接。于是现实中时常会有人找上门来对他说："我们一起干，你技术入股，将来一起做大做强。"技术入股，多好听的名词，意味着只要将其技术给到公司，公司就给股份。这不需要你出一分钱，简直就是天上掉馅饼。但这馅饼不一定好吃。

21 世纪缺的是人才。对于一些技术型人才，合伙人看中的就是其身上的技术成果，于是在大伙儿合伙创业成立一家新公司时，有的出钱，有的出人，有的出技术。这里的技术出资强调的是技术人才以其开发的一个专有技术来入股，实务中较常见的就是以独家配方入股。

【案例】

可口可乐的配方[①]

可口可乐的配方自1886年在美国亚特兰大诞生以来,已保密达百年之久。法国一家报纸曾打趣道:“世界上有三个秘密是为世人所不知的,那就是英国女王的财富、巴西球星罗纳尔多的体重和可口可乐的秘方。”其实,可口可乐配方中超过99%的配料已被公开,包括糖、碳酸水、焦糖、磷酸、咖啡因、“失效”的古柯叶等,剩余的不到1%是被称为“7X物质”的神秘配料。100多年来,可口可乐公司从未将可口可乐配方申请专利,而是将其作为“商业秘密”进行保护,这样的保护无疑是成功的。

可口可乐的配方不以申请专利的方式来保护,而是作为商业秘密进行保护,其考量角度主要在于两者是否公开、是否方便维权及保护期限的长短。

商业秘密的定义其实非常广泛,任何可以给企业提供竞争优势的商业信息都可能被认为商业秘密。这些信息可以是产品配

① 资料来源:搜狐—恒都法研,https://www.sohu.com/a/156499918_698899。

方，如上面提到的神秘的可乐秘方，也可以是搜索引擎的算法、客户名单、销售方法、广告策略等。实务中存在不少有价值的技术成果，这些成果未申请专利，仅作为一项专有技术被投入公司作为技术股东的出资筹码。

○非专利法认可的技术出资人可能存在的风险

(1)持股比例较低，容易产生对核心技术的失控风险

从技术股东的角度来看，他们虽以核心技术出资，但一般都是小股东，持股比例较低，意味着他们在公司的话语权较弱，容易对自己出资的核心技术失去控制权。若是某技术股东以一个配方作为商业秘密专有技术出资，但经股东会决议要求注册专利使该商业秘密对外公开，技术股东则难以把控局面。还有当公司的大股东出现意外或婚姻发生变故，大股东或其继承人对公司的发展方向产生偏差，有时甚至决议解散公司，对小股东来说更是得不偿失。

(2)技术本身存在问题

从非技术股东的角度来看，实现技术资源有效促进公司发展是其接受非专利法认可的技术出资的目的。若是技术股东对其技

术本身作出虚假陈述、虚假承诺，其技术本身就存在问题，则对非技术出资人及公司而言将是一个巨大损失，一定程度上即使约定了违约责任可能也难以弥补公司间接遭受的损害。

(3)非专利法认可的技术成果的估值较难确定

非法定技术成果不同于传统的法定出资，在实务中存在较多难以解决的问题，如在评估作价上难以合理量化，形成客观、科学的证明结论，存在贬值不稳定等问题。

○破局之道

无论对技术股东还是非技术股东，非专利法认可的技术出资都会或多或少存在相关风险。从规避风险的角度来看，我们应当站在有利于公司整体发展的立场上，从有利于实现公司长久有效的可持续发展和维护市场正常交易的角度来应对风险，确定规避思路。

(1)对核心技术的处置需要经过技术出资人的同意

为了确保技术出资股东即使在无法控制公司的情况下，也能对其出资的专有技术掌握话语权，避免因其他股东对核心技术的处置而直接给技术股东造成不可恢复的损失，可在入股时由全体股东约定，在对出资的核心技术的处置上要经过技术股东出资人的同意,如可为其在有关核心技术的处置上设置一票否决权。

(2)对技术进行尽调,要求出资人作出承诺与担保

鉴于技术可能存在问题,所以在以该技术成果入股时,公司应该对该项技术进行尽调,确认其上是否负担权利义务,确认其是否存在相关争议,评估该技术能为公司实际带来的经济效益;同时,要求技术出资股东对此作出相应的承诺与担保,若是出现与其承诺不一致的情况,技术出资股东应承担相应的违约责任。

(3)出资的估值

技术出资的估值的解决方法可参考人力资本出资估值的协商方式,当然,技术也可以参考市场价,比如,一方面可以考虑一项技术能为公司带来的收益,确定大概的收益范围;另一方面,还可考虑将该项技术授权他人使用时,该项技术的使用费可作为出资估值的参考价。

此外,建议与技术出资人签订相关保密协议,避免因技术出资人的泄密等给公司造成不可估量的损失。

3 创业资源可否作为出资的筹码

○创业资源有哪些

创业资源是指企业在创造价值的过程中所需要的特定的资源、资产，包括有形与无形的资产、法定与非法定的资产，这是新创企业在创立和运营中的必要条件，主要表现形式为：创业人才、创业资本、创业机会、创业技术和创业管理等。除了前述提及的较广的人力资本和技术资源外，还有企业商号、客户资源、市场渠道、官方背景等。

以客户资源为例。一家企业在创业初期若想要迅速提高市场占有率，大量的客户资源是必不可少的，其在一定程度上比企业拥有的固定资产的价值更高。在笔者曾经服务的许多案例中，较多客户认可此种资源的重要性与不可替代性，对于某个带有客户资源的股东，其所能被授予的股权与其所带来的客户资源成正比。例如，为公司每增加100个关联客户，则其在公司所持股比例可上升1%。除此以外，其对公司的重要性还体现在融资阶段的估值方面。对有限责任公司的常见估值方法有很多，比如资产法、收益法，而对于一家重视客户资源的企业而言，对其的估值还可建立在其所拥有的客户资源的基础上。笔者服务的一家致力于打造音频互动APP的客户，其在融资时的估值就是按照每个APP注册用户20元的价值来参考的。

○创业资源作为出资筹码时应关注的问题

创业资源与人力资本、技术一样在估值出资、转让等方面存在问题，同时其本身还存在一些问题。

第一，必然存在法律上的障碍。前面提及人力资本及技术，这两者在作为股东出资财产上均存在一定的合法性，经评估并可转让的技术如商标、专利可依法作为股东出资财产，在我国部分经济发达的地区也存在人力资本的出资合法化，但是对于创业资源而言，其并非法律所规定的出资形式，因而在相关约定的合法性保护上，或存在一定障碍。

第二，创业资源在实务中的表现形式很多，缺乏固定模式或标准，难以形成统一的操作模式。如官方背景、市场渠道、客户资源等各种资源在估值出资、转让等方面难以统一，因此也难以总结出一套出资方法。

第三，价值的评估难以量化。我们说，人力资本有市场价，月工资可以体现一个人的身价；技术可以有市场价，把专有技术卖了或是授权给他人使用，出售费及使用费也可以作为技术的参考价值。但创业资源从实务中来看，在一定程度上的确难以量化。

○破局之道

从公司的角度来看，不论是品牌资源、客户资源，还是市场渠道、官方背景，对公司的发展而言都非常重要。只有通过契约化的方式与手段，才有利于保障带有资源的股东如期按约将资源带入公司，让这些创业资源为公司的发展添一份力。为了解决创业资源作为出资筹码时出现的一些问题，我们提供如下参考建议：

(1)约定契约化

既然法律上对创业资源无任何规定,那么股东之间必须在如股东协议、公司章程、股东会决议等文件中对创业资源入股的问题予以明确。如何将创业资源作为出资要素作价入股,这是处理问题的关键。各股东之间订立的协议,在不违反法律强制性规定的情况下,均可自行处分各自的权利及义务。

☞小贴士

《中华人民共和国合同法》第五十二条规定:“有下列情形之一的,合同无效:

“(一)一方以欺诈、胁迫的手段订立合同,损害国家利益;

“(二)恶意串通,损害国家、集体或者第三人利益;

“(三)以合法形式掩盖非法目的;

“(四)损害社会公共利益;

“(五)违反法律、行政法规的强制性规定。”

(2)实现资源落地

对于创业资源的落地操作,需要根据不同的公司经营发展模式,并结合该资源以何种方式落地来实现对公司收益的增值,才能最终确定具体模式。比如,对于客户资源的对接,可以由公司及创业资源股东先行协商,确定该客户资源的实现是以为公司对接专业顾问的形式,还是以让公司成交批量的服务用户的形式。若是以专业顾问的形式对接,可以以公司与顾问签署战略合作协议的方式来确认创业资源的落地;若是以让公司成交批量的服务用户的形式,可以以公司实际收取用户服务费的方式来确认创业资源的落地。

(3)合理确定创业资源的估值

对于创业资源估值的合理确定,建议参考以下步骤:

首先,合理评估创业资源在公司发展所需要资源中的权重大小,判断其是否最核心的资源,若是,则提高其估值标准;若不是,则降低其标准。

其次,可参考同行业同类型公司对该类资源出资的确定办法。有时我们确定估值并不是要盲目地参照大公司、上市公司,而是要看看你的竞争对手是怎么做的。

最后，在维度设定后需要设置具体的调整办法。根据公司在不同发展阶段对创业资源的需求度的大小逐步兑现调整，为了实现这个目的，各方股东均应当明确约定资源兑现的有效方式，以及资源落地的有效结果。毕竟有时候资源带进来时的预期与资源实际所发挥的作用会有所不同，而对公司来说，还是需要依靠这些资源实现让公司迅速发展、稳步提升的目标。

第五章

单一布局——股权结构布局缺位

“不谋万世者，不足谋一时；不谋全局者，不足谋一域。”这句话的意思是若没有掌握全局观念，则在细节处做得再好可能也是无用之功。的确，当我们思考一个问题时，往往是先宏观后微观，先整体后细节，而所谓“宏观”与“整体”其实就是我们所要布的局。同样，在股权设计中，首先需要将公司顶层设计的“局”布好。单一布局实际上就是公司股权结构布局缺位。试想，若是整体的“局”都没有把握好，细节做得再完美估计也是竹篮打水一场空。

第五章

单一布局——股权结构布局缺位

常常会有客户问笔者："我们几个朋友要一起创业办公司，你说这个股权怎么分比较公平呢？""有个投资人要进来了，你说我可以分多少股权给他呢？""我们公司要做股权激励，我最多能给员工多少股权呢？"有的客户直接把公司各股东的股权比例写出来，问我们这样的结构是不是合理的股权结构。

可能许多人将股权比例与股权结构混淆了，股权比例是指公司各股东之间所持股权份额的比例数值，而股权结构则是一个系统的概念，它可以从三个维度来考虑：第一，股东人数，即公司共有多少股东；第二，股东类型，即公司的股东分别担任的角色；第三，股东层级，即公司的股权结构中是否存在多层架构，是否存在股东以间接持股的方式持有目标公司的股权。

至于客户关心的股权结构或者股权比例是否合理的问题，其实不论是哪一个，只从其表面所呈现给我们的数值或者架构很难真正进行判断。不论是20%∶30%∶50%，还是10%∶10%∶10%∶70%，在笔者看来，都有其合理的方面，也都有不合理的方面，而关键在于透过现象看本质，即看这个数值背后所代表的权利与义务。对于数值与比例背后的权利与义务，详见本书第八章，本章简要对常见的股权比例的不同数值所代表的权利及义务做简要介绍。

○股权比例的9条生命线

(1)1%——代位诉讼权

有限责任公司的股东、股份有限公司连续180日以上单独或者合计持有公司1%以上股份的股东，可以书面请求监事会(监事)或董事会(执行董事)向人民法院提起诉讼，并有权为了公司的利益以自己的名义直接向人民法院提起诉讼。

(2)3%——临时提案权

单独或者合计持有股份有限公司3%以上股份的股东，可以在股东大会召开10日前提出临时提案并书面提交董事会。临时提案的内容应属于股东大会职权范围。

(3)5%——重大股权变动披露义务

持有上市公司5%以上股份的股东可视为证券交易内幕信息的知情人。

通过证券交易所的证券交易,投资者持有或者通过协议、其他安排与他人共同持有一家上市公司已发行的股份达到5%时,应当在该事实发生之日起3日内,向国务院证券监督管理机构、证券交易所作出书面报告,通知该上市公司,并予以公告;在上述期限内,不得再行买卖该上市公司的股票。腾讯、京东收购步步高股份即如此。

持有上市公司5%以上股份的股东或者实际控制人,其所持该上市公司已发行的股份比例每增加或者减少5%,应当披露权益变动书。并且,在报告期限内和作出报告、公告后2日内,不得再行买卖该上市公司的股票。由此可见,若持股低于5%,不用做披露,也不用受锁定期限制。

(4)10%——解散公司起诉权/可提议召开、召集、主持股东(大)会、董事会

单独或者合计持有公司全部股东表决权10%以上的股东,可向人民法院提起解散公司的诉讼。

对有限责任公司:代表1/10以上表决权的有限责任公司股东可以提议召开股东会临时会议,在董事和监事均不履行召集股东会职责之时可以自行召集和主持。

对股份有限公司:单独或者合计持有股份有限公司10%以上股份的股东可请求召开临时股东大会,连续90日以上单独或合计持有10%以上股份的股东可自行召集和主持。代表1/10以上表决权的股东可以提议召开董事会临时会议。

鉴于10%是个集万千宠爱于一身的比例,其所代表的股东权利也往往对公司的发展具有重大意义,尤其是拥有可向法院提出解散公司的权利,这个权利在公司进行重大战略运作时不可忽视。曾有公司在进行股权激励时因此疏忽而失败,所以一般笔者建议在股权激励中单个激励对象持股不宜超过10%。

(5)20%——同业竞争警示线

为避免股东与持股公司所从事业务出现冲突,要求进行竞业限制。持有公司20%以上股份的股东,原则上需避免与持股公司存在同业竞争关系,也就是避免形成直接或间接的竞争关系。当然这只是实务中的一种说法,并不具有任何法律上的支持,只具有一定参考意义。

(6)30%——上市公司要约收购线

通过证券交易所的证券交易,收购者持有一个上市公司已发行的股份达到30%时,继续进行收购的,应当向该上市公司所有股东发出收购该公司股份的要约,以要约收购进行操作,程序上较为复杂。

(7)34%——反向控制权

《公司法》第四十三条规定,对于公司增减资等重大事项,必须经有限责任公司股东代表2/3以上表决权的股东通过,或者经出席股份有限公司股东大会的股东所持表决权的2/3以上通过;持股占1/3以上时,即可对公司的7项重大事项(修改公司章程、增资、减资、合并、分立、解散、变更公司形式)形成反向控制,但是对于其他无须超过2/3的决议事项则可能难以形成控制。

(8)51%——相对控制权

《公司法》第一百零三条规定,股份有限公司的股东大会作出决议,除了必须超过2/3表决权的事项外,其他事项须经出席会议的股东所持表决权过半数通过。而对于有限责任公司,除了前述约定的2/3事项外,《公司法》赋予公司章程自由约定股东会的议事方式和表决程序的权利。而在实务中,因为股东"不用法",往往直接套用工商局的公司章程模板，该章程模板对于股东会的议事方式基本上约定为“股东会的其他决议须经代表1/2以上表决权的股东通过”。此处还需注意关于“过半数”与“以上”的区别，除非有特别注释，否则“过半数”不包含本数，“以上”包含本数，以及注意“人数过半数”与“表决权过半数”的区别。

(9)67%——绝对控制权

关于绝对控制权，在前述的“反向控制权”中其实已经有所解释，此处不作赘述。

当然，以上这些权利的界限是在公司未将表决权与股权比例进行分离设计的情况下所形成的，如果将表决权与所持股权比例进行分离设计，那么权利的界限也将发生变化。除了以上常见的9条生命线，实际上是否还存在其他可参考的比例数值呢？当然有。比如持股0.0000…1%，也就是说，只要持有公司的股权，就天然地享有某些法定股东权利，比如被视为权利中的“核弹”的知情权（也称查账权）、分红权、公司新增资本时的优先认购权（当然经全体股东一致同意可以另行约定）、股权对外转让时的优先购买权（当然公司章程可另行约定）。

1 公司就一个股东，无限连带责任

○一人有限公司的股东可能对公司债务承担连带责任

【案例】

郎咸平与上海馨源文化传播有限公司、缪洁晶买卖合同纠纷二审案件[①]

素有“最敢说真话的经济学家”之称的郎咸平教授，在2016年

① 资料来源：中国裁判文书网，http://wenshu.court.gov.cn/content/content?DocID=5d002d27-3046-4a2e-aa61-d32e954e3cec&KeyWord=%E4%B8%8A%E6%B5%B7%E9%A6%A8%E6%BA%90%E6%96%87%E5%8C%96%E4%BC%A0%E6%92%AD%E6%9C%89%E9%99%90%E5%85%AC%E5%8F%B8。

曾与一个名为缪洁晶的女士因买卖合同纠纷诉诸法院,并因此卷进舆论的旋涡。

该案中,上海市宝山区人民法院查明,2012年7月12日,郎咸平与馨源文化传播有限公司签订买卖合同一份。依据合同约定,郎咸平向馨源文化传播有限公司购买铜质佛像、铜质上师像、西藏阿里地区佛像、程丛林画作、清螺钿红木家具7件套等,共计货款人民币1600万元。郎咸平在合同签订后向中国民生银行上海分行浦东支行办理了个人消费贷款申请,向馨源文化传播有限公司支付了人民币900万元,但物品一直未交割。于是郎咸平诉至法院,请求解除买卖合同并判令馨源文化传播有限公司返还货款900万元,还须支付所产生的利息,缪洁晶对上述还款义务承担连带责任。

馨源文化传播有限公司是一家一人有限责任公司(自然人独资),成立于2011年5月,缪洁晶担任法定代表人。缪洁晶不服,并表示其确实收到过上述款项,但获款当天已经按照郎咸平的指令将这些钱款转付给案外人上海高汉新豪投资管理公司,该公司实际管理人是郎咸平亲属,总经理为郎咸平之子郎世玮,因此钱款系为郎咸平实际使用。缪洁晶说,买卖合同与她本人没有关系。

本案经过二审,法院最终判决馨源文化传播有限公司向郎咸平返还人民币900万元，并按照银行同期贷款利率支付利息，同时缪洁晶对馨源文化传播有限公司的上述还款义务承担连带责任。

事实上，郎咸平与缪洁晶之间的这一诉讼案件，如果不考虑其他问题，单从缪洁晶设立的这家一人有限责任公司来看，她究竟承担了怎样的风险呢?

《公司法》第六十三条规定："一人有限责任公司的股东不能证明公司财产独立于股东自己的财产的，应当对公司债务承担连带责任。"结合案例，馨源文化传播有限公司作为依法成立的法人，享有民事主体资格，具有民事责任能力，应当独立承担责任。同时，馨源文化传播有限公司仅有缪洁晶一个股东，属于一人有限责任公司，缪洁晶作为馨源文化传播有限公司的唯一股东，对于其个人财产与公司财产相互独立，应当承担举证责任。缪洁晶在本案一审、二审期间均未提供任何证据证明其个人财产独立于公司财产，应当由缪洁晶承担举证不能的责任，即应当与馨源文化传播有限公司承担连带还款责任。

《公司法》第三条规定："公司是企业法人，有独立的法人财产，享有法人财产权。公司以其全部财产对公司的债务承担责任。有限责任公司的股东以其认缴的出资额为限对公司承担责任；股份有限公司的股东以其认购的股份为限对公司承担责任。”这条规定是现代公司制度的基础——公司法人拟制和股东有限责任。同时,为了避免股东滥用公司法人地位而规避责任,致使公司及债权人利益受损,公司法人人格否认制度也应运而生。

对于一人有限责任公司这类特殊的公司组织形式,由于其唯一的股东可以实际上控制公司,有可能混淆公司财产与股东财产,将公司财产充作私用,通过滥用有限责任原则而欺骗债权人或回避契约义务,因此,《公司法》第六十三条便给一人有限责任公司的股东上了一道“枷锁”,即需要承担证明公司财产独立于股东自己的财产的义务。另一种企业组织形式——个人独资企业,同样也是一个投资人,但法律对这种组织形式的投资人的规定更加严格。《中华人民共和国个人独资企业法》第二条规定,投资人以其个人财产对企业债务承担无限责任。可见,我国对于个人独资企业采取的是无限责任原则,企业投资人对企业债务必须承担无限责任。因此,个人独资企业的经营风险要高于一人有限责任公司。

在实务中,笔者一般不建议创业者设立个人独资企业,过高的风险并非好事。而对于一人有限责任公司,其实哪怕拉自己的一个亲戚入伙占小股也未尝不可;若是经过慎重考量下定决心需要设立一人有限责任公司的，则务必做好公司财产与股东个人财产的隔离，公账、私账相互独立，在每一会计年度终了时编制财务会计报告，并经会计师事务所审计。

○揭开公司面纱

公司具有独立的人格，作为独立的商事主体，其财产与股东财产严格区分。股东以其认缴的出资为限对公司债务承担责任，公司以其全部资产对外承担责任。但在特殊情况下，法律也可能揭开公司独立人格的面纱，否认公司所具有的独立人格，责令股东与公司对债务承担连带责任。

(1)股东对公司债务承担连带责任的情形

在实务中，除了在一人有限责任公司中无法证明公司财产独立于股东财产而需对公司债务承担连带责任之外，还在哪些情况下，股东需要突破股东的有限责任制度，对公司债务承担连带责任呢?

笔者发现，对于股东不以出资为限来对公司债务承担连带责任的情形，主要可以归结为三类：首先，股东在出资本身上存在问题；其次，股东在公司办理解散、清算、注销等程序上存在过错；最

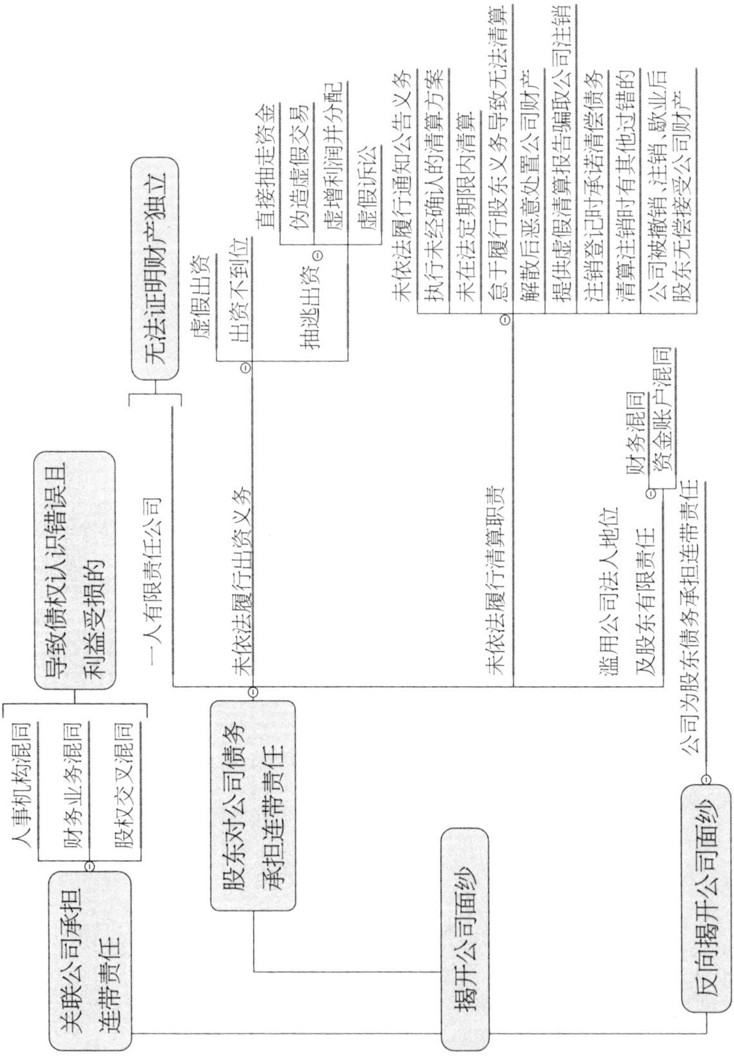
揭开公司面纱
关联公司承担连带责任
人事机构混同
财务业务混同
股权交叉混同
导致债权认识错误且利益受损的
股东对公司债务承担连带责任
一人有限责任公司
无法证明财产独立
未依法履行出资义务
虚假出资
出资不到位
抽逃出资
直接抽走资金
伪造虚假交易
虚增利润并分配
虚假诉讼
未依法履行清算职责
未依法履行通知公告义务
执行未经确认的清算方案
未在法定期限内清算
怠于履行股东义务导致无法清算
解散后恶意处置公司财产
提供虚假清算报告骗取公司注销
注销登记时承诺清偿债务
清算注销时有其他过错的
公司被撤销、注销、歇业后股东无偿接受公司财产
滥用公司法人地位及股东有限责任
财务混同
资金账户混同
反向揭开公司面纱
公司为股东债务承担连带责任

图 5-1 揭开公司面纱

后，股东存在滥用公司法人地位及股东有限责任的行为。

A. 未依法履行出资义务

股东对公司最大的义务就是出资，应当按期足额缴纳公司章程中规定的各自所认缴的出资额。股东以货币出资的，应当将货币出资足额存入有限责任公司在银行开设的账户；以非货币财产出资的，应当依法办理其财产权的转移手续。有限责任公司成立后，发现出资的非货币财产的实际价额显著低于公司章程所定价额的，应当由交付该出资的股东补足其差额；公司设立时的其他股东承担连带责任。当公司财产不足以清偿债务时，债权人有权主张由未缴出资股东，以及公司设立时的其他股东或者发起人在未缴出资范围内对公司债务承担连带清偿责任。若是股东已经履行出资义务后又抽逃出资的，则认定出资未到位，需要对公司债务承担连带责任。因此，当股东未依法履行出资义务，如发生虚假出资、出资不到位、抽逃出资等情形的，股东应对公司债务承担连带责任。

☞小贴士

在实务中，股东抽逃出资的常见表现形式有以下几种：

(1)直接抽走货币出资,或直接将非货币出资部分办理财产权转让手续;

(2)伪造虚假的基础交易关系,如公司与股东间的买卖关系,公司将股东注册资金的一部分划归股东个人所有;

(3)制作虚假财务会计报表虚增利润,在短期内以分配利润名义提走出资;

(4)股东通过虚假诉讼形式,抽逃公司资产。

B. 未依法履行清算职责

《公司法》第十章对公司的解散和清算作出明确的程序性规定,若股东在办理公司的解散、清算、注销手续的过程中未依法履行清算职责,则一定程度上需要对公司由此造成的损失承担赔偿责任。

a. 因公司清算未依法履行通知和公告义务,导致债权人未及时申报债权而未获清偿,债权人主张清算组成员对由此造成的损失承担赔偿责任的,法院应依法予以支持。

☞小贴士

《公司法》第一百八十五条规定:“清算组应当自成立之日起十日内通知债权人,并于六十日内在报纸上公告。债权人应当自接到通知书之日起三十日内,未接到通知书的自公告之日起四十五日内,向清算组申报其债权。”

《最高人民法院关于适用〈中华人民共和国公司法〉若干问题的规定(二)》第十一条规定:“公司清算时,清算组应当按照公司法第一百八十六条的规定,将公司解散清算事宜书面通知全体已知债权人,并根据公司规模和营业地域范围在全国或者公司注册登记地省级有影响的报纸上进行公告。

“清算组未按照前款规定履行通知和公告义务,导致债权人未及时申报债权而未获清偿,债权人主张清算组成员对因此造成的损失承担赔偿责任的,人民法院应依法予以支持。”

b. 执行未经确认的清算方案,若给公司或者债权人造成损失,清算组成员须承担赔偿责任。

☞小贴士

《最高人民法院关于适用〈中华人民共和国公司法〉若干问题的规定(二)》第十五条规定:“公司自行清算的,清算方案应当报股东会或者股东大会决议确认;人民法院组织清算的,清算方案应当报人民法院确认。未经确认的清算方案,清算组不得执行。

“执行未经确认的清算方案给公司或者债权人造成损失,公司、股东或者债权人主张清算组成员承担赔偿责任的,人民法院应依法予以支持。”

c. 股东未在法定期限内成立清算组进行清算,导致公司财产贬值、流失、毁损或者灭失,股东须在由此造成的损失范围内对公司债务向公司债权人承担赔偿责任。

☞小贴士

《公司法》第一百八十条规定:“公司因下列原因解散:(一)公司章程规定的营业期限届满或者公司章程规

定的其他解散事由出现;(二)股东会或者股东大会决议解散;(三)因公司合并或者分立需要解散;(四)依法被吊销营业执照、责令关闭或者被撤销;(五)人民法院依照本法第一百八十二条的规定予以解散。"

《公司法》第一百八十三条规定:"公司因本法第一百八十条第(一)项、第(二)项、第(四)项、第(五)项规定而解散的,应当在解散事由出现之日起十五日内成立清算组,开始清算。有限责任公司的清算组由股东组成,股份有限公司的清算组由董事或者股东大会确定的人员组成。逾期不成立清算组进行清算的,债权人可以申请人民法院指定有关人员组成清算组进行清算。人民法院应当受理该申请,并及时组织清算组进行清算。"

《最高人民法院关于适用〈中华人民共和国公司法〉若干问题的规定(二)》第十八条规定:"有限责任公司的股东、股份有限公司的董事和控股股东未在法定期限内成立清算组开始清算,导致公司财产贬值、流失、毁损或者灭失,债权人主张其在造成损失范围内对公司债务承担赔偿责任的,人民法院应依法予以支持。"

d. 股东怠于履行义务导致无法进行清算，须对公司债务承担连带清偿责任。

☞小贴士

《最高人民法院关于适用〈中华人民共和国公司法〉若干问题的规定(二)》第十八条第二款规定："有限责任公司的股东、股份有限公司的董事和控股股东因怠于履行义务，导致公司主要财产、账册、重要文件等灭失，无法进行清算，债权人主张其对公司债务承担连带清偿责任的，人民法院应依法予以支持。"

e. 公司解散后恶意处置公司财产给债权人造成损失的，须对公司债务承担连带清偿责任。

f. 提供虚假清算报告骗取公司注销的，须对公司债务承担连带清偿责任。

☞小贴士

《最高人民法院关于适用〈中华人民共和国公司法〉

若干问题的规定(二)》第十九条规定:“有限责任公司的股东、股份有限公司的董事和控股股东,以及公司的实际控制人在公司解散后,未经依法清算,以虚假的清算报告骗取公司登记机关办理法人注销登记,债权人主张其对公司债务承担相应赔偿责任的,人民法院应依法予以支持。”

g. 股东在办理注销登记时承诺清偿债务的,须对公司债务承担连带清偿责任。

☞小贴士

《最高人民法院关于适用〈中华人民共和国公司法〉若干问题的规定(二)》第二十条第二款规定:“公司未经依法清算即办理注销登记,股东或者第三人在公司登记机关办理注销登记时承诺对公司债务承担责任,债权人主张其对公司债务承担相应民事责任的,人民法院应依法予以支持。”

h. 股东在清算或注销过程中有其他过错的,如报送清算报告隐瞒重要事实或者有重大遗漏,导致给债权人造成损失的,须承担相应赔偿责任。

i. 公司被撤销、注销或歇业后,股东无偿接受公司财产,致使被执行人无遗留财产清偿债务或遗留财产不足清偿的,根据《最高人民法院关于人民法院执行工作若干问题的规定(试行)》第八十一条,可以裁定由上级主管部门或开办单位在所接受的财产范围内承担责任。

☞小贴士

《最高人民法院关于适用〈中华人民共和国公司法〉若干问题的规定(二)》第二十三条规定:"清算组成员从事清算事务时,违反法律、行政法规或者公司章程给公司或者债权人造成损失,公司或者债权人主张其承担赔偿责任的,人民法院应依法予以支持。"

C. 股东滥用公司法人地位及股东有限责任

《公司法》第二十条规定,公司股东滥用股东权利给公司或者其他股东造成损失的,应当依法承担赔偿责任;公司股东滥用公司法人独立地位和股东有限责任，逃避债务，严重损害公司债权人利益的，应当对公司债务承担连带责任。在实务中，股东滥用公司人格的行为有：财务混同，公司的利益与股东的收益不加区分，致使双方财务账目严重不清；资金账户混同，公司与股东的资金混同，持续地使用同一银行账户。

（2）关联公司承担连带责任

关联公司之间如果不能保持各自的人格独立，从而损害债权人利益的，法院仍可以揭开公司面纱，否认其法人资格，判令数个关联公司共同对外承担连带责任。

关联公司之间人事机构存在混同，例如法定代表人、董事、监事、高管互相兼任，或是关联公司之间财务业务存在混同，或是关联公司之间股权交叉混同等，导致债权人对关联公司认识出现错误，从而损害债权人利益的，关联公司应共同承担连带责任。

（3）反向揭开公司面纱

传统的揭开公司面纱是指通过揭开公司面纱而追究公司面纱背后的股东个人的连带责任，或母子公司情形下的母公司的连带责任；而反向揭开公司面纱，又称作公司法人人格的逆向否认，是指在揭开公司面纱之后，由公司替股东承担责任，或母子公司场合下由子公司替母公司承担责任。母子公司是指彼此具有独立的法人人格而又相互存在控制与被控制关系的关联公司。

反向揭开公司面纱是从公司的人格否认制度引申而来的。《公司法》第二十条第三款对最常见的公司法人人格否认而导致的股东对公司债务承担责任作出直接的、确定的、清晰的规定,对于实践中需要追究关联公司、子公司责任的情形,可通过对该条第一款的解读,将股东滥用公司独立人格导致的利益不当输送的其他情形囊括进来,为反向揭开公司面纱寻求到法律依据,从而使公司法人人格否认制度构成一个完整的规制网络,使任何滥用公司独立人格的行为都难逃法网。

○破局之道

为了避免今后在公司经营过程中可能将对公司债务承担连带责任的风险,公司股东应该从以下几点注意规避:

第一,鉴于一人有限责任公司的股东面临的风险较大,建议创业者在设立公司类型时可以选择出资人为两人以上的有限责任公司代替一人有限责任公司。

第二,按期足额履行股东的出资义务,且不得以任何方式抽逃出资。

第三，当公司发生经营不善等情形而须解散、清算、注销等，作为清算人务必依法履行清算人的职责，保障公司及债权人的合法权益。

第四，严格公司法人的独立地位和股东的有限责任，做到公司与股东财务独立、业务独立等。

2 股东同属一种类型，问题多多

○股东有哪几种类型

股权结构中的一个重要维度就是股权的类型。从一般法律层面出发，可能会将股东分为显名股东与隐名股东、个人股东与机构股东、控股股东与非控股股东等多种类型。此处笔者将从公司股东的功能定位出发，区分不同类型的股东在公司所担当的角色。在实务中，公司的股东若仅属于同一种功能类型，对公司而言，就是没有充分发挥不同类型股东对公司所产生的积极影响与作用。

实务中，股东从功能性上大致分为四类，即资金型股东、资源型股东、管理型股东、顾问型股东。资金型股东，主要是指为公司提供资金来源的股东，如投资人类型的股东；资源型股东，侧重于为公司提供各种在发展过程中需要的资源，包括市场资源、客户资源、渠道资源等，便于打通公司的上下游产业链；管理型股东，主要指负责公司日常经营管理的股东，公司实施股权激励的激励对象也可纳入此范畴；顾问型股东，则指通常与公司建立战略合作关系的外部专家，如人力资源咨询师、财务规划师、律师等。

股东类型单一，不一定会给公司造成实际损失，但一定程度上必然会影响公司的进步与发展。如今已然是合伙创业的时代，合伙创业与单枪匹马最大的区别在于：合伙创业能够凝聚一批有共同愿景和价值观的人，大家怀有共同的初心，有一致的事业方向，愿意共担风险、分担责任、共同决策，这样不仅能够大大降低经营者的盲目性和随意性，而且可以实现能力、资金等方面的资源共享和优势互补。而高效合伙人团队的一个重要衡量标准就是合伙人之间的能力或资源要具有足够的互补性和不可替代性，能够在研发、运营、资金、渠道等方面独当一面，使大家分工明确，独立思考，担当起相应的责任，最终实现“1+1>2”的效果。

蔡崇信的故事是阿里巴巴传奇的重要组成部分，缺少了对这部分故事的了解，便会对阿里巴巴和马云的成功产生误读，以为一个没有读过名校,没有精深专业知识,也没有什么人脉与资源的人,单凭一个梦想、一腔热情和一往无前的信念,就可以创建一个商业帝国,这是不可能的。

【案例】

马云与蔡崇信的合作互补①

蔡崇信是台湾人,出生于1964年,与马云同龄,来自一个法律世家,父亲蔡中曾和祖父蔡六乘都是法律界名人,蔡崇信13岁赴美国读书,曾就读于耶鲁大学,获得经济学学士和法学博士学位。毕业后,他先在纽约做了3年税务法律师,后跳槽到瑞典Investor AB风投部门,做亚洲区总裁,年薪70万美元。

1999年,台湾一位做IT的朋友找到蔡崇信,请他帮忙把自己的公司卖给马云。彼时马云刚结束北漂回到杭州,决定进行第四次创业,做一家服务中国中小企业的网站,取名“阿里巴巴”。

蔡崇信第一次见马云时就被其独特的人格魅力吸引了,后来他再次约见马云,并参观了马云的湖畔花园公司。当时马云还没

① 资料来源:中国投资咨询网,http://www.ocn.com.cn/keji/201702/geira07115115.shtml。

有注册公司，只有一个20多人的团队，以及一个在建的Alibaba.com，这群人拥挤在一个像“黑网吧”一样的公寓，每天又喊又笑，像着了魔一样。

这一次蔡崇信是带妻子来的，从湖畔花园出来后，他们与马云一起去西湖泛舟。其间，他突然对马云说：“你要成立公司，要融资，我懂财务及法律，可以加入公司帮你做。”马云听后吓了一大跳，差点把船弄翻了，他赶紧回复蔡崇信：“你再想一想，我付不起你那么高的薪水，我这里一个月只开500块。”蔡崇信则严肃地说：“我已经想好了，我就是想加入创业型的公司，跟一批人一起共事。”他的妻子也对马云说：“如果我不同意他加入阿里巴巴，他一辈子都不会原谅我的。”

不久蔡崇信便离开Investor AB，加入阿里巴巴，担任CFO（首席财务官），从此他和马云的命运都改变了。

“马云背后的男人”

加入阿里巴巴后，蔡崇信首先帮马云干了两件大事，而这两件大事都是关于钱的。

第一件大事是在阿里巴巴确立了一套与国际接轨的现代企业

架构。在蔡崇信加入以前，阿里巴巴尚未进行工商注册，员工都是马云的朋友和学生，大家基于对马云的崇拜和信任共事。蔡崇信加入后做的第一件事就是终结这种状态，建立一种现代企业架构。在股份分配方面，蔡崇信则按照马云的意愿，将包括他和马云在内的“十八罗汉”都列为创始股东，配以相应股份。

此外，蔡崇信还把相关理念带到阿里巴巴，炎炎夏夜，他向十几位创始股东解释“股份”“股东权益”等概念，并教大家阅读根据国际惯例拟定的英文合同。经过这番教育，阿里巴巴内部从一开始就在激励、进入、退出等问题上达成了共识，也就不会因此产生矛盾。

这番建制之后，阿里巴巴也具备了对外融资的基础，这也是蔡崇信帮马云干的第二件大事。

在蔡崇信加入之前，马云曾进行过37次融资尝试，但无一例外地都失败了。1999年8月，蔡崇信为绝境中的阿里巴巴带来了希望，蔡崇信说服他的一位担任高盛香港地区投资经理的好友投资阿里巴巴，该投资案于10月份敲定，高盛领衔一众机构向阿里巴巴投资500万美元，这其中就包括蔡崇信的老东家Investor AB。这之后，日本软银的孙正义开始关注阿里巴巴，2000年1月，他决定投资3000万美元，换取40%的股份。但蔡崇信认为此时引入新的投资将会稀释第一轮投资者的股份，引发高盛等股东的不满。不过鉴于马云坚持引入这笔投资，蔡崇信最后做了一个妥协方案——接受软银的投资，但限制其投资金额、持股比例和对董事会的控制权，最终将合作条件敲定为2000万美元，占股30%，董事会由阿里巴巴合伙人主导。2004年，蔡崇信又为阿里巴巴完成了一笔金额高达8200万美元的关键融资，用于支持于前一年成立的淘宝的发展。以上是阿里最关键的3笔融资，这之后，阿里巴巴就成了一块金字招牌，被各大风投竞相追逐，当然每次融资的操盘人仍是蔡崇信。

私募融资之外，蔡崇信还帮阿里完成了2次上市，一次是B2B项目于2007年在香港联交所上市，一次是阿里集团于2014年在美国纽交所上市。在美国上市后，阿里巴巴成为一家全球瞩目的互联网巨头，马云也荣登“中国首富”宝座，而蔡崇信则被媒体誉为“马云背后的男人”。

阿里巴巴永久合伙人

2013年以前，蔡崇信一直担任阿里集团CFO，这也是外界对他最熟悉的身份，有媒体将他比喻为“马云的张良”，一些创业者则说，一定要像马云一样找一个“蔡崇信式”的CFO。然而对于马云而言，蔡崇信是创业战友而非高级下属，马云与蔡崇信至今仍是阿里巴巴最大的两位自然人股东，同时，他俩也是阿里巴巴仅有的两位“永久合伙人”。

分工方面，蔡崇信全面负责阿里巴巴的财务和投资，用他的话讲就是“管钱”和“花钱”，马云则尊重他的权限，不干涉财务工作，有投融资想法时，也是先把想法告诉蔡崇信，然后让蔡崇信去跟投资人或者投资对象沟通；马云负责阿里巴巴的其他事务，尤其是对外事务，蔡崇信则尊重马云的权威，他极少对外发声或者接受采访，阿里总部的员工也对他没有什么了解，甚至很少见到他，称他是“最熟悉的陌生人”。

蔡崇信和马云是彼此的贵人。如果没有马云，蔡崇信可能一直是某家跨国公司的高管，领着百万年薪；而如果没有蔡崇信，马云可能还会经历若干挫折，阿里的融资会被大大推迟，规模也不会很大，甚至可能尚未获得融资，就在互联网泡沫破灭的过程中倒下。是蔡崇信的主动加入，成就了这段创业佳话。

○纯粹的创业团队，拒绝引进投资人，拒绝股权激励

在股权设计中有3个主战场，分别是创始股权设计、投融资股

权设计、股权激励设计，分别对应的股东就是创始人、投资人及员工。而实务中，也常常会遇见一类热血创业者，他们坚持己见，拒绝引入投资人，拒绝股权激励，不愿意分权，也不愿意分钱，总觉得公司只能归自己所管，可是这样对公司来说真的好吗？

图5-1　股权设计三大主战场

一个纯粹的创业团队，必然存在不少的风险。首先，拒绝引入新的合伙人，使得公司受个人主观意识控制太强，缺乏创新发展意识；其次，拒绝引入投资人，从效益来看，难以实现资本市场化，难以实现高额的公司资本增值；最后，拒绝股权激励，等同于扼杀人才的能力发展。21世纪，拼的不是谁钱多，而是谁的人更能干，人才已经日益成为企业和社会发展的最核心的要素。

对公司发展而言，最需要达到的目标有3个：第一，实现公司可持续的发展；第二，实现公司营利收益增值；第三，倚靠人才来实现公司的可持续发展及营利收益增值。而若想达到这三点，都必须有不同类型的股东加入,充分发挥各类股东的优势与长处,才能真正提高公司在同行乃至全社会中的竞争优势。

○企业在不同发展阶段对于股权设计需求的不同之处

初创型企业、成长型企业、规模型企业是企业在不同发展阶段的不同发展状态。企业在股权设计上需要结合其不同发展阶段予以不同侧重,但无论在哪一阶段均有一定的共性特征,即如何在把握企业控制权的前提下推动企业超前发展,这可结合股权设计三步法予以论证,三个基本点、两条思路、一个本质在三种类型企业中均予以适用。就三类企业在股权设计上的个性化需求汇总如下。

(1)初创型企业

对于初创型企业,合伙人在公司初期的共同愿景就是共同干一件事。在商业运作上讲究把有限的资源用在最迫切的环节,相较于规范化与流程化,企业对于拓展市场和销售渠道的需求更大,因此,在股权设计上主要涉及合伙人如何进入、如何分配、如何退出的问题,此外还需提请注意动态调整机制在初期的确立,毕竟在尚未出现较多分歧的初创阶段确定股权的动态调整最为适宜,最容易被大家认可与接受。

(2)成长型企业

对于成长型企业,在快速扩张阶段可能需要一定的融资,在商业运作上涉及商业计划书的对外公布,同时面临公司的估值问题,投资者对公司的评价问题,以及公司在商业模式中的交易结构。因此,在股权设计上主要涉及投融资股权设计板块,着重把握创始合伙人与投资人之间对公司的价值与控制之间的博弈关系设计。

(3)规模型企业

对于规模型企业,公司在具备足够的盈利能力后想要进一步发展和延续,可能面临着分钱分权问题。一方面,为了加强员工的归属感,充分调动企业员工的工作积极性,在股权设计上涉及对员工股权激励设计的把握;另一方面,可能在公司资本上市过程中面临资本进入等涉及股权稀释的问题,需要着重对公司的控制权进行安排,可能涉及将公司控制权中心从股东会转移到董事会的架构设计。

○**破局之道**

(1)引进不同类型的股东并发挥各自优势

对于不同的股东,在股权设计中自然需要根据各自的特点来区别设计,尤其在进入机制和退出机制中需要加以区分。

对于资金型股东,因其资金实力雄厚,更多的仅是以一种财务投资的方式入股公司,因此对资金型股东,通常会采用以溢价增资的方式进入,同时为保障其收入回报,在退出的价格上则会大做文章。对资源型股东,因其能为公司带来能够创造财富的资源,所以对于该部分资源必须落实、量化、细化,根据带入公司的资源的量化程度来相应匹配其能够获得的股权,这样才不失公允。对管理型股东,因其在公司管理层就职,其身上不仅具有股东身份,同时与公司建立了劳动关系,故对该类型股东必须在竞业限制上予以约束,还可根据公司的战略规划周期对其与公司建立劳动关系的期限也进行限制,以免因其离职而给公司造成不必要的麻烦。顾问型股东,可能是财税专家、商业模式专家,也可能是法律专家、股权专家,因为该类型股东通常需要为公司提供专业性的服务,所以可以将其获授股权的数量与其为公司提供的服务相挂钩,形成一种阶段式进入、成果式退出的形式。

(2)根据企业的不同发展阶段适时引入投资人,实施股权激励

根据前文所述,企业在不同的发展阶段具有不同的目标,存在差异化的风险。从企业全生命周期角度来看,企业应在初创型到成长型再到规模型的发展过程中,根据公司的战略规划来适时调整股权,适时引入投资人或实施股权激励,让公司通过合适的股权架构来匹配自身的阶段性战略规划。

3 单层股权架构，股东的“裸奔”

○**公司胜了官司，输了发展**

曾经有一个真实案例。在一家即将引入B轮融资的公司中，正在进行融资前的公司高管股权激励，其中一位深得老总信任的高管王某，因为个人能力十分突出，公司决定授予其10%的限制性股权。在完成授予并由公司办理了工商变更登记的次日，该高管王某竟然到法院申请解散公司。《公司法》第一百八十二条规定，持有公司全部股东表决权10%以上的股东，可向人民法院提起解散公司诉讼。法院受理了该案件，并进行了几个月的审理，虽然最终法院并未支持王某的诉讼请求，但是在审理期间铺天盖地的传言称这家公司存在重大问题,进而严重影响了公司的正常运作,也影响了公司的估值,而投资商更是放弃了本次投资,致使公司虽然胜了官司,却输了发展。许多人对王某的行为表示不解,但最终发现,原来王某是该公司的竞争对手派来的,原因不说也明白了。

单层股权结构,如同公司没穿衣服,形成了股东"裸奔"的局面。这样的案例有很多,或是因为商业战争中的尔虞我诈,或是因为公司的实际控制人在作出决策时过于相信他人,但究其根本,是没有提前设置合理的股权架构。试想,若是公司在授予高管王某10%的股权时,曾经做过股权架构的多层设计,比如授予王某的股权并非公司一级股东层面,而是通过一个持股平台间接持有公司的股权,那么王某就难以向法院申请解散该公司,因为他不是公司的一级股东。

当然在实务中,存在大量股权架构单一的情形,大部分可能是因为存在股权代持的情况,或是因为部分股东难以"显山露水",或是因为实际控制人出于对控制权的把控考虑,也有部分则是因为公司并未意识到多层架构的重要性。

○所有股东都是自然人

股权架构单一的其中一种表现形式，就是公司所有股东都是自然人。自然人股东和法人股东，虽然在股东的权利义务上并无任何区别，且对外均以股东出资财产为限承担有限责任，但是往细了说，自然人股东持股与法人股东持股还是存在较多区别的。

表5-1　法人相较于自然人作为股东的优点分析

	自然人股东	法人股东
分红税收	对于获取的股权分红需要缴纳20%的个人所得税，上市公司减半征税	对于获取的股权分红可作为免税收入(《中华人民共和国企业所得税法》第二十六条第二款规定，符合条件的居民企业之间的股息、红利等投资收益，为免税收入)
控制权成本	一级股东控制权成本较高	通过法人股东控股，控制权成本较低
风险隔离	风险较高，在公司法人人格否认情形下可能需对公司债务承担连带责任	风险较低，一般情况下法人股东仍以其出资额为限承担有限责任
议事决策效率	议事决策效率低	议事决策效率高。在进行重大决策时，可以先在控股公司层面通过法定程序将不同的意见排除，便于有效作出重大决策

续　表

	自然人股东	法人股东
股权结构调整	调整股权较为不便，受到法律规定的约束（《公司法》第一百四十一条规定，股份公司发起人在一年内不得转让股权）	调整控股法人股东的股权较方便，对投资公司的股权结构提供帮助，就股权设计而言更便于进行股权动态调整
对上市影响	对上市较少提供积极帮助	可由控股法人股东为公司的债务融资提供抵押、担保，降低融资成本，通过合并报表，增强拟上市公司资金实力； 可随时准备承接拟上市公司的非优质财产，为上市公司未来发展协调资源； 利于集中股权，避免在首发上市后控股股东的股份被大量稀释

如表5-1所示，从分红税收、控制权成本、风险隔离、议事决策效率等方面来看，法人股东相较于自然人股东均具有较大的优势。既然法人股东存在如此之多的优势，有人会问，在设立公司时干脆全部都由法人股东来持股，自然人只要间接持股就好，这样操作是否合理呢？

当然不是。若是一级股东层面只设置法人股东，而公司的实际控制人都置于二级股东层面甚至更下层，一旦实际控制人失去对直接持股的法人股东的控制,就完全丧失了对目标公司的控制。届时,若是想要向目标公司主张股东权利,比如主张行使股东的账簿查阅权,只能通过直接持股的法人股东来行使,这将会令自己处于又一被动局面。毕竟,在商场中对法人股东的控制存在更多的不确定性,而对于自己的直接股东身份,除非没有履行任何出资义务,否则这个股东身份不会被废除,从这一点上看直接持股也算得上是向公司行使股东权利的最后一道防线。因此,若是只设法人股东,笔者亦不赞成。

○没有设计多层股权架构

《非上市公众公司监管指引第4号——股东人数超过200人的未上市股份有限公司申请行政许可有关问题的审核指引》(证监会公告〔2013〕54号)中称,持股平台是指单纯以持股为目的的合伙企业、公司等持股主体。持股平台作为公司的股东,从公司分取收益之后,再向激励对象进行二次分配。持股平台若是运用得当,将会为公司带来一系列的优势,而未设置持股平台的公司又会面临哪些问题呢?

(1)股东人数扩张无法解决

有限责任公司的股东上限为50人,对于一些有“全员持股”需求的公司,这样的股东人数上限显然是不够的,因此许多公司便面临着股东人数扩张无法解决的问题。实务中还存在一些众筹项目,通过股权众筹吸纳股东,也存在人数上限不够的问题。

(2)难以隔离风险

前文提到,只要直接持有目标公司的股权,哪怕只有0.0000…1%的股权都享有该公司的股东知情权,而股东对知情权的行使,对公司账目的查询,也往往会带来一系列的纠纷,使矛盾愈演愈烈。除此以外,股东对股权转让和增资的优先购买权及认购权、股东代表诉讼、股权回购请求权等股东权利或一些合伙人权利的实现,若在目标公司的直接持股层面均需予以保障。

(3)控股成本过高

实际控制人要“绝对”控制一家目标公司需要持股67%以上,而想要相对控制一家公司也要控股51%以上,如一家公司的注册资本为1000万元,要想相对控制该公司必须出资510万元以上,如果后期需要引入投资人或其他股东而需要增资的,更需要增加相应的注册资本,这对实际控制人来说经济压力过大。

(4)股权变动易影响公司的日常经营

我们知道,股东变更须办理相关工商变更登记,而基于工商变更登记程序的烦琐性,特别是在股东人数众多时,变更签字等事项不但会增加公司的工作量,还会增加相关变更的不可控性,甚至会影响公司的日常经营。

(5)股权分散而导致企业决策难

在实践中有这样一个案例。一位客户所进行的项目是在商会的牵头下由多方组成的,参与项目的股东人数众多,且股权结构平均又分散,虽然名义上这家公司由商会会长作为实际控制人,但是日常经营是由其他股东负责的。股权的分散和零碎导致的最直接的结果就是决策效率低下。此外,因为在股权比例上看不出实际控制人,所以在股权融资时影响了投资人的投资意愿。

○破局之道

(1)股东层面既要有自然人,又要有法人

前文分析了法人股东相较于自然人股东存在的多方面的优势,而自然人持股也能同时作为对目标公司直接行使股东权利的最后一道防线。因此,在股东层面,我们既要有自然人又要有法人。那么当两类股东都存在的情况下,股权比例又该如何分配呢?

从实现控制权的成本角度来看,笔者提供一种思路:对于一家拟上市公司,除非采用表决权与持股比例分离设计等特殊股权设计方法,若想要达到相对的控股地位,可以参照图5-2,由实际控制人持有一家作为持股平台的有限合伙企业,同时实际控制人直接持部分股权,以两者结合的方式实现对拟上市公司的控制权。因为在有限合伙企业中,作为普通合伙人的实际控制人并非以合伙企业财产份额的持有比例来判断其对合伙企业的控制地位,而是由其身份决定。《中华人民共和国合伙企业法》第六十七条规定:“有限合伙企业由普通合伙人执行合伙事务。”第六十八条规定:“有限合伙人不执行合伙事务,不得对外代表有限合伙企业。”因此,只要是唯一的普通合伙人,即使只持有极小的合伙财产份额如0.01%,都可以掌握该合伙企业的控制权,如此,对其经济成本也实现了最优化。而作为在一级股东层面的直接持股人,虽然需要占有一定份额的股权,但只要同持股平台合并持股达到51%,即可实现对拟上市公司的相对控制。因此,对于实际控制人的直接持股比例,可以根据个人的经济实力等实际情况酌情确定这个数值。

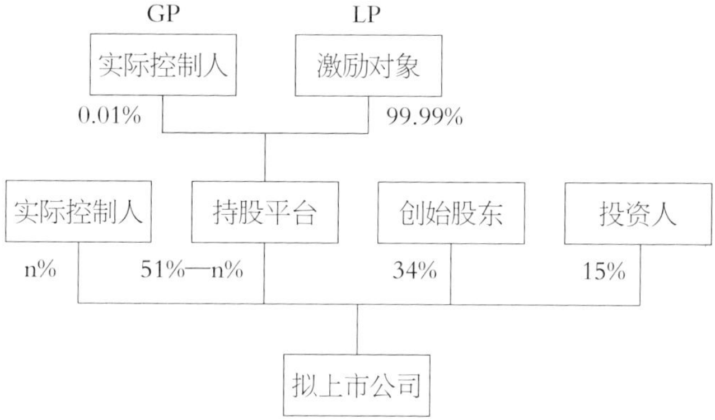

图5-2 股东层面的设计

(2)设计多样化的持股平台

既然没有设置持股平台的公司股权架构会存在那么多问题，那么持股平台应该如何设置呢？持股平台的形式有很多，但常见的持股平台主要是有限公司和有限合伙企业，以下将针对这两种持股平台进行简单介绍。

A. 有限公司持股平台

有限公司持股平台即通过设立有限责任公司来作为公司的持股平台。相较于合伙企业，我国对于公司相关的法规及政策更为规范，因此，有限公司作为持股平台较为稳定，其结构也较为完善。基于公司的独立法人和有限责任制度，有限公司持股平台上的间接持股人的法律风险相较于有限合伙企业持股平台更低一些，其主要的弊端在于管理成本较高，税负也较高。

B. 有限合伙企业持股平台

有限合伙企业由普通合伙人（GP）和有限合伙人（LP）组成，普通合伙人对合伙企业债务承担无限连带责任，有限合伙人以其认缴的出资额为限对合伙企业债务承担责任。如果选择了合伙形式，公司创始股东为了实现对持股平台表决权的控制，可以担任合伙企业的普通合伙人，但是由于普通合伙人需要承担无限连带责任，所以规避操作是由创始股东设立一个有限公司作为普通合伙人。合伙企业由于不需缴纳企业所得税，采用“先分后税”的缴税方式，因此在利润分配、节税等方面具有天然的优势。

表 5-2　常见的持股平台对比表

	公司制	有限合伙制	信托制
出资形式	货币、实务、知识产权	货币、不限形式	货币
注册资本额或认缴出资额及缴纳期限	认缴制	承诺出资制，无最低要求，按照约定的期限逐步到位	资金一次到位

续 表

	公司制	有限合伙制	信托制
投资门槛	无特别要求	无强制要求	单个投资者通常最低投资不少于100万元
债务承担方式	出资者在出资范围内承担有限责任	普通合伙人承担无限责任，有限合伙人以认缴出资额为限承担有限责任	投资者以信托资产承担责任
投资人数	有限责任公司不超过50人；股份有限公司不超过200人	2至50人	自然人投资者不超过50人；合格机构投资者数量不受限制
管理人员	股东决定	普通合伙人	由信托公司进行管理
管理模式	一般同股同权，可以委托管理	普通合伙人负责决策与执行，有限合伙人不参与经营	受托人决定可以委托投资顾问提供咨询意见
利润分配	一般按出资比例	根据有限合伙协议约定	按信托合同
税务承担	双重征税	合伙企业不征税，合伙人分别缴纳企业所得税或个人所得税	信托受益人不征税，受益人取得信托收益时，缴纳企业所得税或个人所得税

还需注意的是，在股权激励中，也需要根据对象的类型来分别设置持股平台。

在笔者所服务的客户中，有家公司的实际控制人希望能使其产业覆盖整条生态链，因此其作为一家集团公司，涉及多个领域的产业激励机制。对于该类企业，在实施股权激励时，不宜将所有激励对象都置于同一个持股平台中，而应当根据不同激励对象所能为公司产业链发挥的作用来分别设置不同的持股平台。比如：在上端生产线设置一个持股平台，主要用于激励研发的科创型对象；在中端供应环节设置一个持股平台，主要用于激励渠道拓展、管理经营型对象；在下端销售环节设置一个持股平台，主要用于激励销售型对象。

持股平台的设置中最有名的当数蚂蚁金服。蚂蚁金服通过多级股权架构及有限合伙企业特殊的议事规则使马云最大限度地撬动了多级股权架构实现控制权的杠杆。在蚂蚁金服的一级股东层面中的浙江君澳股权投资合伙企业（有限合伙）及杭州君瀚股权投资合伙企业（有限合伙），也都是根据不同类型的对象来进行区分设置的。

在实务中，设置持股平台较多是因为公司实施股权激励，当然持股平台的设置并不仅限于股权激励，比如由一些特殊的未在公司工作，仅为公司提供一些渠道上的资源路径的股东，可能其对于公司的实际发展没有产生十分重大的影响，而公司大股东为了避免控制权旁落，在公司设立之初便通过搭建持股平台的方式，让这些股东都以持有持股平台的股权来间接持股。再比如，当今较为流行的城市合伙人制度也对持股平台颇为偏爱。在城市合伙人制度中，可能会设置二级、三级甚至更多层级的股权架构，而一开始并不会将合伙人置于较高层级，因为设置多层架构可以实现一个合伙人的晋升通道，让合伙人有一种向上发展的感觉。此外，目前市场中较多的投资基金是以合伙企业的形式操作并对外投资的。

(3)确定科学合理的股权架构层级

既然设置多层的股权架构对公司来说有这么多帮助，那是否可以无限制地架构层级呢？或者说，股权架构层级设置多少层才是最科学合理的呢？应该用什么标准来判断架构的合理性呢？

A. 安全性

判断股权架构的层级是否合理需要衡量其安全性，即这种结构是否合法，这种结构是否能保障公司稳定有效地安全运作。风靡一时的VIE模式就是一个典型案例，其通过在海外搭建股权架构,通过复杂的结构来实现对公司的控制权。

【案例】

风靡一时的VIE模式[①]

VIE模式(Variable Interest Entities,可变利益实体),在国内被称为"协议控制",是指境外注册的上市实体与境内的业务运营实体相分离,境外的上市实体通过协议的方式控制境内的业务实体,业务实体就是上市实体的VIE(可变利益实体)。

2000年,赴美上市的新浪首创了VIE模式。依据我国1993年的电信法规(禁止外商介入电信运营和电信增值服务),当时信息产业部的政策性指导意见是外商不能提供网络信息服务(ICP),但可以提供技术服务。正是这种政策让新浪找到了一条变通路径。国际投资者通过投资离岸控股公司来控制设在中国境内的技术服务公司,并由该技术公司通过独家服务合作协议的方式把境内增值电信公司和境外离岸控股公司连接起来,达到离岸公司合并报表的目的,进而获得上市。

① 资料来源:搜狐网,http://www.sohu.com/a/216946790_474956。

这一模式后来被赴境外上市的境内公司广泛借鉴,中国的互联网公司得以通过VIE敲开了海外资本市场的大门。这些公司通常的做法为:

第一步,公司的创始人或是与之相关的管理团队设置一个离岸公司。一般而言,每个股东需要单独设立BVI公司(之所以选择BVI公司,是因其具有注册简单、高度保密的优势),比如在维尔京群岛或是在开曼群岛。

第二步,该公司与VC、PE及其他股东,再共同成立一个公司(通常是在开曼群岛),作为上市的主体。

第三步,上市公司的主体再到香港设立一个壳公司,并持有该香港公司100%的股权。

第四步,香港公司再设立一个或多个境内全资子公司(WFOE)。

第五步,该WFOE与境内运营业务的实体签订一系列协议,具体包括:《股权质押协议》《业务经营协议》《股权处置协议》《独家咨询和服务协议》《借款协议》《配偶声明》。通过这些协议,注册在开曼或者英属维尔京群岛的母公司最终控制中国的内资公司及其股东,使其可以按照外资母公司的意志经营内资企业、分配或转移利润，最终在完税后将经营利润转移至境外母公司。

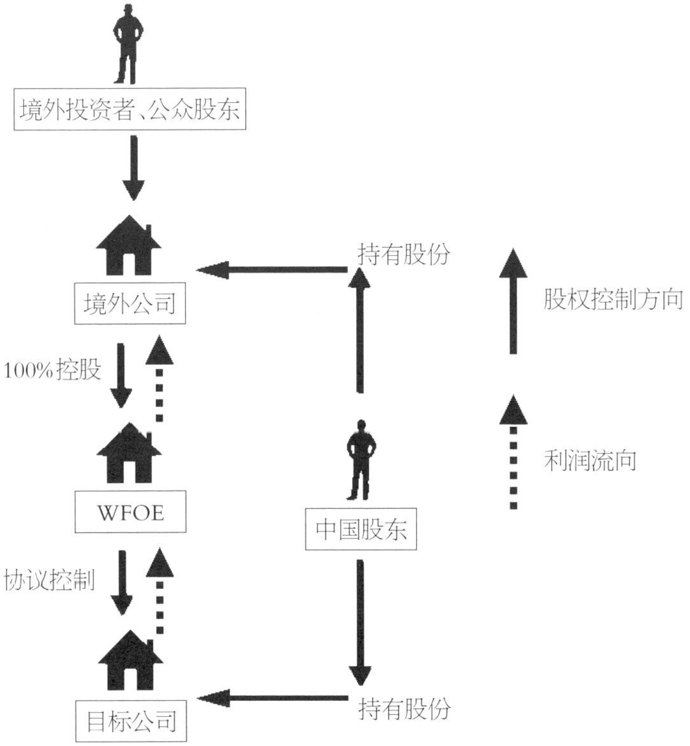

图5-3　VIE模式

VIE模式现状

曾经搭建VIE结构赴境外上市使不少境内企业实现了上市

梦,也使得更多的企业趋之若鹜。不过新浪模式的弊端也显而易见。对国内经营的公司而言,外商独资企业是一个隐名股东(虽然其有效性受质疑),但是实际上它既控制内资企业的经营,也控制股东权,还分得利润,是背后真正的控制人。新浪模式保证了股东利益,但是其他主体利益该如何保护,比如债权人的利益。由于债权人只和内资公司发生合作关系,其如果要去追溯自己的利益,只能向内资企业主张权利,但是内资企业的股东不是真正的控制人,而且债权人很难去向外方主张权益。还有,合同绑定可能产生的一个风险是,当内资公司名义股东和外资股东发生矛盾时,双方的利益关系就会出现问题,如新浪当年的创始人王志东事件。此外,政策上的变化,也让这种模式处于潜在风险之中。曾经很多轰轰烈烈赴海外上市的公司都悄悄地褪去了VIE的外衣,重返境内市场。

B. 节约性

判断股权架构的层级是否合理需要衡量其节约性,要知道,股权架构设计也是需要成本的,比如税收成本、管理成本。一方面,税收成本的增加主要体现在将有限责任公司作为持股平台上。有限公司持股平台是法人机构,在进行股权转让和分红时应缴纳所得税。同时，公司在向自然人股东分红时，自然人还需缴纳个人所得税。简单地说，通过有限公司持股，需双重缴税。另一方面，持股平台需要维护和管理，特别是财务上的管理，因此持股平台的设立必定增加公司的管理成本。

综上所述，在确定设置股权架构的层级前，需要首先考虑这个结构的安全性，再衡量其经济节约性，最终来判断该架构是否合理。

第六章

唯我独尊——共创、共担、共享机制缺位

“假如必须等待积累去使单个资本增长到能够修铁路的程度，那恐怕直到今天世界上还没有铁路，但是通过股份公司，转瞬之间就把这件事办成了。”

马克思的这句话，体现了股份公司的集资功能。股份制有利于筹集资本，扩大生产规模。换一个角度看，这也恰恰说明了，一开始就将股权分出去，以众人之力来赢得发展，体现了企业共创、共担、共享的机制。但在实务中，不少企业徒有“合伙”的外表，实际却并未真实体现企业共创、共担、共享的理念，也就是所谓“唯我独尊”。

第六章

唯我独尊——共创、共担、共享机制缺位

对于合伙人的选择，要看他是否具备创业的业务能力，是否有创业的积极心态，如果有，且双方在经过一定时期的磨合后对相互间的人品等方面能予以认可，则可作为合伙人来共同发展。人与人在为了同一个目标而长期共事的过程中，既要有软的交情，又要有硬的利益。而合伙创业，既是各个股东合伙一种长期的利益，也是合伙一种“共创、共担、共享”的创业精神。

○做事最重要的是跟对人[1]

如果让马云选3个最信任的人，其中肯定有蔡崇信，如果只选1个，恐怕也还是蔡崇信。1999年，蔡崇信放弃了高薪，加入了月薪500元的创业公司——阿里巴巴。蔡崇信说，他做事看人，在与马云最初接触时，马云的一个举动让蔡崇信非常感动。

“我见过他们18个创始人，都是马云的学生，一群没出过国的人，但个个精力旺盛，龙精虎猛，感觉很奇特。我跟马云说，你把股东名单发我，我给你注册公司，马云就发来了传真，18个人都在上面。虽然他们都是马云的学生，但马云把他们看作创始人和伙伴。与同伴分享，这在创始人中可不常见，我就动心了。”

蔡崇信说：“跟谁干，看跟人的感觉，有没有操守，品格如何，值不值得信任，有没有友情。如果觉得对方会照看你，你就有纵身一跃的勇气。我绝对相信人的因素。”

或许正是马云身上的那种合伙精神，愿意与同伴“共创、共担、共享”的创业精神，才让蔡崇信有了纵身一跃的勇气，站在马云背

① 资料来源：微信公众号——粥左罗，http://tech.sina.com.cn/i/2018-05-11/doc-ihamfahw5424555.shtml。

后助其打造阿里巴巴。笔者在许多培训中，会跟来听课的创业者做一个测试，了解各个创业者在选择合伙人的时候最关注的问题，无疑，是合伙人的人品。

1 合伙人一股独大，无共创

曾有客户这样问："我的合伙人需要知道其他人的股权比例吗？我可以不让合伙人知道我们公司的财务数据吗？"笔者认为，这并不是在合伙创业，这是在唱独角戏。还有人曾提出，公司是自己的，股权也是自己的，其他合伙人的股权都是自己分配给他们的。当年阿里巴巴上市前的1元原始股，如今变成318602元（按2018年7月2日的收盘价），也就是说，即使你只持有公司0.1%的股权，身家也已经以数亿来计算了。如果公司不值钱，就算你拥有公司100%的股权，又有何意义呢？马云仅持有阿里巴巴7.8%的股份，既没阻挡马云控制阿里巴巴，也没阻挡马云成为中国商业领袖。因此，若是合伙人缺乏共创思想，再好的项目恐怕也难以做成。

○一股独大的表现形式

随着社会的发展，越来越多的创业者有了股权设计的概念，但是也越来越会通过股权架构来实现自己对公司的绝对掌控，以下是我们整理的关于合伙人一股独大的几种表现形式。

第一种形式比较容易理解，实际控制人以直接持有目标公司99%的股权的形式实现一股独大，另一位股东仅占目标公司1%的股权，可能更多的只是一个参与者的角色。

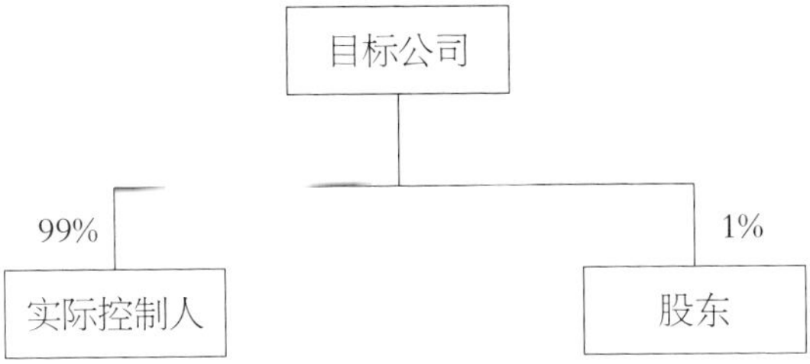

图6-1 一股独大的第一种表现形式

第二种股权结构其实一眼看去很合理，有一个持股51%的大股东，同时也兼顾其他股东的利益，既保障财富共创，又保障有一个控制人。但仔细分析，其实它与前面99%∶1%的股权结构相差无几。

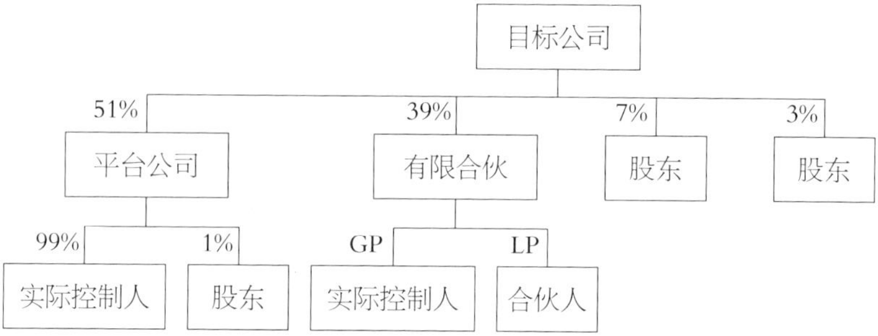

图6-2　一股独大的第二种表现形式

第三种形式即实际控制人通过控股公司来绝对控制各个子公司,形成在各个子公司中一股独大的局面。

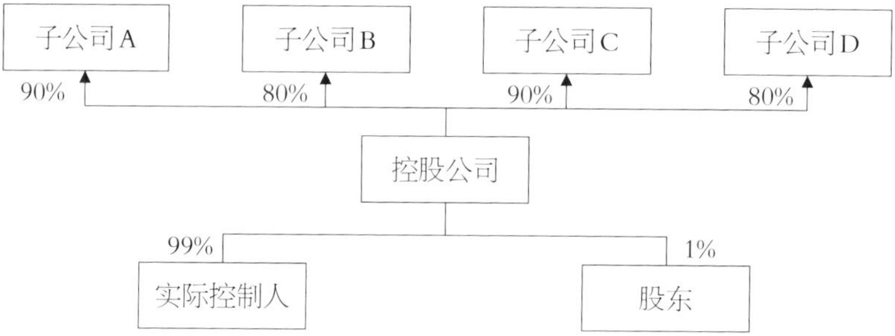

图6-3　一股独大的第三种表现形式

○一股独大可能造成的风险

(1)决策未必科学,容易形成一言堂

笔者在实务中接触了不少公司,因为大股东一股独大,所以不管在公司股东会、董事会、监事会都占据控制地位,以确保其对公司的控制,同时这些大股东还担任公司的法定代表人,自己管理公司的证件印章。通常看来,这并不算坏事,但怕就怕这个大股东独断专横,决策又不科学,更听不得他人的意见,可能会导致公司的决策在单一走向的发展下出现问题。如今是合伙创业的时代,公司想要发展得当,靠的应该是众人的努力、众人的智慧,而绝非单单一人的拍板决断。

(2)大股东的变动对公司产生较大影响

由于大股东在公司中一股独大的局面,且公司处于大股东的系统控制之下,可以说大股东的方方面面都与公司休戚相关。若是大股东某天不幸出了意外,对公司而言可能就是生死存亡的问题。实务中,在大股东去世后,其继承人因不善于公司治理而决议解散公司的案例也多有听闻。

○破局之道

(1)在保证控制权的前提下引进合伙人

有人问,公司上市后,创始人持有多少股权才算是合理的?马云持有阿里巴巴7.8%的股权,马化腾持有腾讯14.43%的股权,周鸿祎持有360集团18.46%的股权,刘强东持有京东20.468%的股权,李彦宏持有百度22.9%的股权,谷歌的佩奇与布林持股14.01%与14.05%,脸书的扎克伯格持股23.55%。可见,20%上下算是常态。

虽然公司强调要有实际控制人,但是在发展到一定时期后,从发展规律上来说不得不考虑共创问题,如今是合伙创业的时代,适当分配部分股权给有能力的其他合伙人,有助于资源更加合理、有效地配置。

(2)实施股权激励

有句老话:“火车跑得快,全靠车头带。”如今即使火车头再厉害,火车也不见得能跑多快,看看动车就知道了,因为动车在每节车厢上都安装了独立的发动机。同样的道理,一个老板尽管能力再强,要是员工不努力,企业的发展空间总是有限的。但若是老板与员工上下一心，还愁企业走不远吗？在公司实施股权激励后，老板的持股比例可能看似小了，但是获利的绝对值大了。在公司内部形成多人画饼、多人分饼的现象，才能真正实现企业共创的内在价值。

2 投资人只享收益，无共担

实务中大多数的投资人都是抱着合作共赢的心态去投资的，希望能通过自己的资金、资源为创业者带来帮助，让企业做得更大更强，但是投资人并不直接参与公司的经营管理，而且投资人往往是按照公司的估值计算相应的股权比例，即存在出资多、占股比例小的特点。因此，在投资协议中我们往往能看到诸多对投资人保护的条款，而这些条款主要可分为两类：一是实现投资人对被投资公司的投资利益，二是实现投资人对被投资公司一定程度上的控制权。

图6-4　投资人对被投资公司的两大关注点

那么如何实现投资价值和对被投资企业一定的控制权呢？目前通用的最有效的操作方式就是通过对赌条款来实现价值及控制需求。

【案例】

全国首例对赌条款无效案①

2007年11月1日前，甘肃世恒（当时名为“甘肃众星锌业有限公司”）、海富投资、香港迪亚及陆波共同签订了《甘肃众星锌业有

① 资料来源：中国裁判文书网，http://wenshu.court.gov.cn/content/content?DocID=f021cf9c-b647-11e3-84e9-5cf3fc0c2c18&KeyWord=甘肃世恒有色资源再利用有限公司#。

限公司增资协议书》(以下简称“《增资协议书》”),约定由海富投资以人民币2000万元对甘肃世恒进行增资,占甘肃世恒增资后总注册资本的3.85%,香港迪亚占96.15%。

《增资协议书》第七条第二项对财务绩效约定了对赌条款,即甘肃世恒2008年净利润不低于人民币3000万元。若甘肃世恒达不成上述指标,海富投资有权要求甘肃世恒予以补偿;若甘肃世恒未能履行补偿义务,海富投资有权要求香港迪亚进行补偿;补偿金额=(1−2008年实际净利润/3000万元)×本次投资金额。《增资协议书》第七条第四项对上市时间约定了对赌条款,即若至2010年10月20日,由于甘肃世恒的原因无法完成上市,则海富投资有权在任一时刻要求香港迪亚回购届时海富投资持有的甘肃世恒的全部股权。若自2008年1月1日起,甘肃世恒的净资产年化收益率超过10%,则香港迪亚回购金额为海富投资所持甘肃世恒股份对应的所有者权益账面价值;否则,香港迪亚回购金额=(海富投资的原始投资金额−补偿金额)×(1+10%×投资天数/360)。

海富投资依约于2007年11月2日履行了出资义务,但甘肃世恒2008年年度净利润为人民币2.68万元,且甘肃世恒及香港迪亚拒不履行补偿承诺。海富投资遂于2009年12月向兰州市中级人民法院提起诉讼，请求判令甘肃世恒、香港迪亚、陆波按照对赌条款履行补偿义务。兰州市中级人民法院于2010年12月一审判决对赌协议无效，补偿义务无须履行。2011年9月，海富投资提起上诉，当月甘肃省高级人民法院二审判决对赌条款无效。2011年12月，最高人民法院提审此案，并于2012年11月再审判决香港迪亚向海富投资履行补偿义务。

最高人民法院关于海富投资案再审判决的作出，为中国的PE投资实践确立了相关原则，约定由被投公司承担回购义务的对赌条款应被认定为无效，约定由被投公司原股东承担回购义务的对赌条款应被认定为有效，确立了PE投资对赌原则。投资者与目标公司之间的补偿条款如果使投资者可以取得相对固定的收益，则该收益会脱离目标公司的经营业绩，直接或间接地损害公司利益和公司债权人利益，故认定无效。但目标公司股东对投资者的补偿承诺不违反法律法规的禁止性规定，是有效的。在合同约定的补偿条件成立的情况下，根据合同当事人意思自治、诚实信用的原则，引资者应信守承诺，投资者应当得到约定的补偿。

海富投资以20倍股权溢价增资，承担企业发展前景未知的风险；香港迪亚作为甘肃世恒的原股东比海富投资拥有更多的信息优势，基于其对企业未来发展的信心，给予海富投资补偿承诺。这一对赌安排不会损害公司、股东或债权人的利益，形式上虽为对赌安排，实质上可视为投资人的风险共担行为。

○对赌条款

(1)什么是对赌条款

对赌条款，又被称为价值调整协议，是一种带有附加条件的价值评估方式。对赌条款是投资方与融资方在达成协议时，双方对于企业未来不确定情况作出的约定。如果约定的条件出现，企业未来的获利能力达到某一标准，融资方可以行使一种权利，用以补偿低估企业价值的损失；如果约定的条件不出现，则投资方行使另外一种权利，用以补偿高估企业价值的损失。

对赌条款的约定多由信息不对称所致，而一些投资机构在投资前不一定会针对目标公司进行尽调，或是尽调做得不够，其原因就是设立了对赌条款。

(2)对赌的参考指标

在投资实践中对赌条款被大量地使用，其形式和内容极为灵活，常见的对赌参考指标主要有财务指标、经营指标及某些特定事件的发生。在财务指标中，有净利润、销售收入、税息折旧及摊销前利润(EBITDA)等；在经营指标中，有市场占有率、用户人数、产量、产品销售量等；特定事件，如完成新产品测试或实现IPO等。

当然，随着市场实务需求的日益更新，对赌内容也更加多样化，从最原始的“赌业绩”扩展到“赌人”，即由以往的对业绩、用户量等指标的对赌转向更广泛的如对创业者本身的锁定，以降低投资机构投资早期项目的风险。此外，还可以根据公司的实际经营模式来确定指标。笔者有一家客户专门负责品牌运营，以在全国范围内开设直营店的方式经营运作，在其一次融资时，投资人便提出以全国门店的数量作为对赌的指标。

(3)对赌后产生的责任

当到了对赌约定执行的期限，若是公司未达到对赌的指标，则公司需要对投资方作出相应补偿。常见的补偿方式有：现金给付，向投资方给付一定的补偿金及利息；股份补偿，原股东按一定价格或无偿出让部分股权给投资人；股份回购，由被投公司或原股东回购投资人股权等。因此，对赌也被认定为属于股权的一种调整机制。

○对赌中的风险

如果将企业的注册资本比作一部生活片，那么企业的估值就可以看作一部科幻片，生活片的真实性就摆在眼前，而这部科幻片的发挥空间却很大，企业的估值能估到多高，关键就在于公司股东把这部科幻片的故事描述得有多精彩。当然，科幻片中也会存在对赌，而一旦对赌失败，科幻片就变成了灾难片。

(1)公司的风险

【案例】

目标公司被拉进对赌承担担保责任[①]

2010年6月8日，通联公司(投资人)、久远公司(目标公司)、新方向公司(原股东)签订了《增资扩股协议》，久远公司同意向通联公司增发1500万股，每股认购价格为2元，通联公司出资人民币3000万元。在《增资扩股协议》中，各方约定如目标公司无法如期完成IPO上市，则由新方向公司对通联公司所持股权进行回购，同

① 资料来源：中国裁判文书网，http://wenshu.court.gov.cn/content/content?DocID=8af9f2a5-f620-472c-8567-a858010be194&KeyWord=通联资本管理有限公司#。

时，久远公司承诺对新方向公司进行股权回购承担连带责任。

之后，由于久远公司未能如期完成IPO上市，作为投资人的通联公司认为依据《增资扩股协议》第六条约定，有关回购事项已经出现，通联公司有权要求久远公司、新方向公司回购通联公司持有的久远公司的股份。

对于回购条件已成就，该案的一审、二审、再审中，对新方向公司应按照约定履行回购义务这一事实，法院并无争议。本案最大争议在于：在公司原股东新方向公司履行回购义务时，目标公司对原股东的回购是否需要承担连带支付义务？一审判决目标公司须承担连带支付责任，二审改判不承担连带支付责任，再审判决目标公司对原股东应付款的本息不能清偿部分承担1/2的赔偿责任。

本案的处理经历一审、二审和再审，而对于案件的争议焦点——目标公司是否须对原股东的回购义务承担连带责任，三级法院均有完全不同的认定，可谓一波三折。

一审成都市中级人民法院以《增资扩股协议》系投资人与目标公司原股东达成的特定条件成就时的股权转让合意，该合意系当事人真实意思表示，且不存在违反《公司法》规定的情形，认定新方向公司与通联公司达成的“股权回购”条款有效，且触发回购条件成就。同时，由于久远公司作为独立法人主体，对新方向公司的回购义务作出书面担保承诺，即应切实履行，遂判决目标公司承担连带责任。

二审四川省高级人民法院则认为，关于《增资扩股协议》中约定久远公司对新方向公司的股权回购义务承担履约连带责任的条款效力问题，应将双方协议中“连带责任”认定为“连带担保责任”，并认为“应适用《公司法》第十六条第二款关于公司对控股股东、实际控制人提供担保的相关规定来裁判久远公司对新方向公司的股权回购义务承担履约连带责任的条款效力”。《公司法》第十六条第二款明确规定：“公司为公司股东或者实际控制人提供担保的，必须经股东会或者股东大会决议。”该条规定的目的是防止公司股东或实际控制人利用控股地位，损害公司、其他股东或公司债权人的利益。虽然久远公司在《增资扩股协议》中承诺对新方向公司进行股权回购义务承担连带责任，但并未向通联公司提供相关的股东会决议，亦未得到股东会决议追认，而通联公司未能尽到基本的形式审查义务，从而认定久远公司法定代表人向生建代表公司在《增资扩股协议》上签字、盖章行为，对通联公司不发生法律效力。据此判定目标公司不承担连带责任。

再审最高人民法院最终认定:目标公司应承担"连带责任条款"无效后的过错赔偿责任。通联公司未能尽到要求目标公司提交股东会决议的合理注意义务,导致担保条款无效,对协议中约定的担保条款无效自身存在过错。而久远公司在公司章程中未规定公司对外担保及对公司股东、实际控制人提供担保议事规则,导致公司法定代表人使用公章的权限不明,法定代表人向生建未经股东会决议授权,越权代表公司承认对新方向公司的股权回购义务承担履约连带责任,其对该担保条款无效也应承担相应的过错责任。通联公司、久远公司对《增资扩股协议》中约定的"连带责任"条款无效,双方均存在过错,久远公司对新方向公司承担的股权回购款及利息,就不能清偿部分承担1/2的赔偿责任。最终判定目标公司承担过错赔偿责任。

这则教科书级别的最高院案例,对于目标公司在对赌中能否全身而退又画上了一个问号。作为投资人一方,如果在与公司原股东对赌的同时,希望将目标公司拉回牌局,并非完全不可能。这则案例告诉我们,可以让目标公司对原股东的回购义务承担连带担保责任,具体实施要点如下:

①仍然要遵循"不能与目标公司对赌"的基本准则,对赌的相

对方只能是公司原股东,不要将目标公司直接作为回购主体;

②目标公司可以作为公司原股东回购义务的担保方出现,为公司原股东的回购义务承担担保责任;

③如果目标公司为公司原股东的回购义务提供担保,应关注《公司法》第十六条第二款"公司为公司股东或者实际控制人提供担保的,必须经股东会或者股东大会决议"之规定,要求目标公司履行必要的内部决策程序。

(2)原股东的风险

原股东的风险,自然不言而喻,就是原股东承担对赌失败后的风险,或是支付大额的现金补偿,或是回购股份,对于一些特殊情况下对原股东要求作出特殊行为的对赌,原股东也须承担相应责任。

○如何防范对赌风险

(1)在对赌主体方面

在对赌主体方面,最好与目标公司原股东对赌。在对赌条款中,约定对赌目标未能达到时由被投公司或其原股东回购投资人股权的安排最为常见。若约定的回购主体是被投公司,那么回购安排会因损害被投公司、其他股东和债权人的利益而被认定为无效。当然，笔者对公司的对赌并非全盘否定，可以考虑采用以目标公司作为公司原股东回购义务的担保方出现，以为公司原股东的回购义务承担担保责任的方式来操作。若约定的回购主体是原股东，且是各方真实的意思表示，则属于有效约定。该原则已为最高人民法院对海富投资案的再审判决所确立。但即使约定由原股东进行回购，也应基于公平原则对回购所依据的收益率进行合理约定，投资人应根据个案的风险与收益，合理设计回购安排，与被投方共担风险。

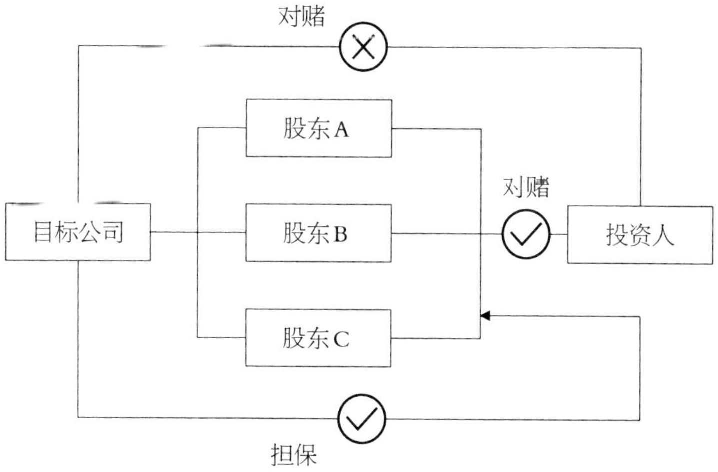

图6-5　对赌主体有效性示意图

(2)在对赌条件方面

在对赌条件方面,尽量拟定为“价格调整条款”并进行双向调整。对赌条件中最常见的即为股权调整与价格调整,避免作为命脉的股权受到过多波及,一般建议在可能的情况下选择价格调整。双向对赌恰恰体现了投资人风险共担的原则。双向对赌协议是指被投资公司如果达不到预先设定的业绩指标,被投资公司原股东向PE进行补偿;相反,如果达到预先设定的业绩指标,PE需要向原股东进行补偿。在上市公司的收购中,以往更多的是单边承诺,即由资产注入方单方面向上市公司进行业绩补偿承诺。这一情况前些年已发生明显变化,在上市公司资产的收购中,有越来越多的案例采取了双向对赌的方式。

【案例】

双向对赌案例1①

2003年蒙牛和摩根士丹利的对赌协议约定:2003年到2006年,蒙牛乳业的复合年增长率不能低于50%,如果达不到,公司管理

① 资料来源:徐雳说股权,http://xinwen.eastday.com/a/171202135126607.html。

层将给摩根士丹利6000万到7000万股的上市公司股份；相反，如果业绩增长达到目标，摩根士丹利等机构就要拿出相应的股份奖励蒙牛的管理层。2004年6月，蒙牛的业绩增长达到预期的目标，为此蒙牛乳业的管理层得到的股份奖励高达数十亿元。

双向对赌案例2[①]

2013年8月，蒙草抗旱收购宋敏敏、李怡敏二人所持浙江普天园林70%的股权。在收购后的业绩补偿承诺上，该案采取了"双向对赌"的方式。如果普天园林的业绩未达到承诺指标，由蒙草抗旱以1元的总对价回购宋、李二人在此次重组中所获得的股份，或宋、李二人将所获得的股份无偿划转给蒙草抗旱的其他股东，当股份不足补偿时，宋、李二人以现金方式予以补充。但如果在完成承诺净利润的基础上，普天园林2014—2016年度3年平均复合净利润增长率达到或超过25%，普天园林70%股权作价将由3.99亿元调整为4.69亿元，对于其中的7000万元差额将由蒙草抗旱向宋、李二人予以补充支付。

① 资料来源：全景基金，http://www.p5w.net/fund/gqjj/201408/t20140813_717213.htm。

(3)在对赌方式方面

在对赌方式方面,如涉及IPO,尽量在不损害第三方利益的情况下,选择现金对赌,并尽量选择与大股东现金对赌。因为若涉及IPO,则回购安排对公司股权稳定性和经营稳定性可能产生的影响会使相关约定面临一定的障碍。若对赌的筹码为股份,回购安排可能导致发行人股份的重大权属纠纷,直接影响公司股权结构的稳定性,有违《首次公开发行股票并上市管理办法》的相关规定,因此监管部门通常要求在上市前对回购条款进行清理。

(4)在目标公司性质方面

在目标公司性质方面,尽量选择内资PE投资,尽量不要改变目标公司内资企业的性质。因为根据《中华人民共和国中外合资经营企业法》(以下简称"《中外合资经营企业法》")和《中华人民共和国中外合作经营企业法》(以下简称"《中外合作经营企业法》"),中国自然人不能成为外商投资企业的股东,若原股东想要体现在一级股东层面则会面临法律障碍。此外,若投资人为外资PE,股权对赌或涉及外商投资企业相关法律法规的限制,并应特别遵循《外商投资企业投资者股权变更的若干规定》及与中国境内外支付方面相关的法律法规,在进行股权转让时经主管机关审批或将面临一定困难。

☞小贴士

《中外合资经营企业法》第一条规定:“中华人民共和国为了扩大国际经济合作和技术交流,允许外国公司、企业和其他经济组织或个人(以下简称外国合营者),按照平等互利的原则,经中国政府批准,在中华人民共和国境内,同中国的公司、企业或其他经济组织(以下简称中国合营者)共同举办合营企业。”

《中外合作经营企业法》第一条规定:“为了扩大对外经济合作和技术交流,促进外国的企业和其他经济组织或者个人(以下简称外国合作者)按照平等互利的原则,同中华人民共和国的企业或者其他经济组织(以下简称中国合作者)在中国境内共同举办中外合作经营企业(以下简称合作企业),特制定本法。”

(5)在争议解决方面

在争议解决方面,尽量选择仲裁解决。与法院相比,仲裁对于投资人与目标公司之间对赌的裁判尺度更为宽松灵活,只要相关协议是在遵循平等自愿、公平合理、诚实信用的基础上签订的，对赌条款本身并不违法，就认定有效。

(6)保持冷静的头脑

最后，保持冷静的头脑。在任何情况下，以平和的心理、谨慎的态度来看待对赌约定，遵循投资人与原股东风险共担的原则。

3 股权激励走过场，无共享

曾国藩人生“六戒”中的第四戒提及“利可共而不可独，谋可寡而不可众”。利益，往往是众人都渴望得到的，如果谁独占了利益而不与大家分享，那么一定会成为众矢之的。刘邦攻破咸阳，却不敢占据其地，曹操能够“挟天子以令诸侯”，却终其一生不敢篡汉自立，他们都怕成为众矢之的。股权激励在如今的企业经营管理过程中日益受到重视，但是依然存在许多企业只学到“股权激励”四个字，对于这四个字背后的内容却只字不提，导致许多股权激励只是走走过场的现象。

○名为股权激励，实为借贷

在实务中，存在许多徒有“股权激励”虚名但实为公司借贷集资的情形。许多公司往往会在初创期、成长期对银行承担较大的贷款责任，而一旦在经营过程中出现了严重的纰漏，公司往往会负债累累，更不可能以高额的现金工资或奖励来回报管理人员和关键技术人员，这时实施的股权激励计划，就变成许多公司达成借贷集资目的的手段。

【案例】

王明德与泓德基金管理有限公司等股权转让纠纷二审案件[1]

王明德在泓德基金管理有限公司任职期间，曾在半年里为公司带来20亿元的增量。因为这一突出业绩，2016年初公司表示会兑现入职前关于其持有股份的承诺，按约定的原始股价，给王明德

---

① 资料来源：中国裁判文书网，http://wenshu.court.gov.cn/content/content?DocID=e47276eb-0d91-4f6d-a71c-a89c0010c5e6&KeyWord=%E6%B3%93%E5%BE%B7%E5%9F%BA%E9%87%91%E7%AE%A1%E7%90%86%E6%9C%89%E9%99%90%E5%85%AC%E5%8F%B8。

股权激励50万股，之后，王明德转账给股东51.1785万元股权受让款。

2017年2月，王明德从公司辞职，向公司及股东讨要股权，股东不承认有承诺给予王明德股权的事实存在，只认可曾向王明德借款51.1785万元，但已经归还。

后王明德起诉，但由于王明德拿不出书面股权激励协议，只向法院提供了股权转让款转款单和股东沟通股权转让的聊天记录、通话记录、短信等，最终法院认为，王明德提交的2017年12月2日的短信、聊天记录打印件没有原始载体，证据真实性无法确认，驳回其诉讼请求。

该案件一定程度上就是典型的名为股权激励，实为借贷的实例。当然，对于王明德所主张授予股权的真实性我们无法确认，但激励对象因未与公司签署股权激励计划或股权转让协议等情况在实务中屡见不鲜。目前在实务中，法院对于股权激励纠纷的定性为平等民事主体的商务纠纷，因此，若产生相关纠纷，员工对股权激励计划的存在应尽到举证责任。只有公司创始人口头许诺或以公司制度形式颁布的股权激励计划，一旦发生纠纷，受激励员工可能会因为无法提供股权激励的有效证据而面临败诉风险。

○股权激励是做了，但也仅是走走过场

(1)释放的股权数量仅为冰山一角

曾经有创始人说："我持有95%的股权，给公司的核心团队预留5%的股权，分给我未来的首席技术官(CTO)、首席运营官(COO)、首席财务官(CFO)……毕竟公司股权少，不够分。"笔者想说，这不是合伙创业，这是在打赏。释放的股权数量仅为冰山一角，这样的股权激励很难说能起到实际作用，能真的让你的团队铁了心跟着你一条路走下去。看看华为，任正非持股1.01%，华为职工持股会却持股98.99%，意义不言而喻。

在股权激励的操作实务中，为了让激励对象有一个归属感、仪式感，会在公司正式授予股权时提供相应的股权证书，证书上明确记载了该激励对象可以获得的股数。但须注意的是，只有股份有限公司才存在真实有效的股数，而有限责任公司的所谓股数都是虚拟化的。既然是虚拟的，又为何要设置股数呢？那是因为有限公司愿意给出的激励股权数量实在是太少了，分配给高管0.05%，分配给员工0.005%……对于正处于初创阶段的企业来说，这么分股权，激励对象心里真的会感到十分愉快吗？恐怕不一定。所以，

为了让激励对象感觉自己还是获得了一定分量的股权，有些公司就会设置虚拟股数。比如，一家公司注册资本为人民币2000万元，可以约定公司总虚拟股数按公司目前注册资本金的10倍为基准，即按200000000份计算，即使公司打算拿出1%做股权激励，激励股权折合成虚拟股数也有2000000份。

(2)股权激励计划易被撤销

有些公司实施股权激励计划，但难以保证其稳定性，可能存在随时被撤销的情况，比如有些公司以股权赠与的形式操作股权激励。根据《中华人民共和国合同法》第一百八十六条，除了具有救灾、扶贫等社会公益、道德义务性质的赠与合同或者经过公证的赠与合同外，在赠与财产的权利发生转移之前可以撤销赠与。那么在股权激励中，若是以股权赠与的方式操作，则在激励对象的名字记载于公司的股东名册之前，或是办理工商变更登记的手续之前，某些特定情况下公司依然有权单方面撤销股权激励计划。

再比如，在公司实施股权激励拟定协议时，仅由激励对象签了字，但公司或出让股权的股东并未在上面签字，公司依然有权撤销。之前备受关注的乐视股权激励清零事件便存在类似问题。

【案例】

乐视股权激励清零[1]

2015年11月18日，乐视全体员工收到关于全员激励计划正式启动的内部邮件。乐视向全体员工拿出原始总股本的50%作为股权激励总量，且原则上员工不需要出资购买，加入公司并转正后即可获得。乐视的这个全员激励计划在出台当时，被认定为具有“最具合伙人精神的激励计划”“最慷慨的激励额度”“最彻底的价值分享”“最具生态特点和激励性的经济收益”等特点。

乐视全员激励计划正式启动致全体员工邮件节选

亲爱的同学们：

今天，乐视将正式启动史无前例的全员激励计划，邀请你成为乐视股权激励的拥有者，共享乐视生态高速成长带来的价值和收益！

按市场通行的惯例，更多公司的股权激励并非面向全员。而在我们的股权激励计划中，每一名乐视正式员工在满足基本的门槛条件下，都能够享有股权激励，分享生态成长的价值。

---

① 资料来源：腾讯科技，http://tech.qq.com/a/20151118/054520.htm。凤凰网财经，http://finance.ifeng.com/a/20171120/15804575_0.shtml。

乐视控股(全球)激励总量为原始总股本的50%,在全行业内都是极其罕见的。

与其他公司"员工享有公司价值增值"的激励原理不同,本次乐视的股权激励员工基本不需要出资购买,这意味着收益接近股份的全价值。

为了促进生态协同,员工除了享受自身业务的激励之外,同时享受整体生态的激励,两种激励取其大,始终保证员工享受到最大的经济收益。

加入公司并转正后即可获得激励授予。激励分4年生效,每一年生效25%。实际生效比例与个人业绩挂钩,强化激励的业绩导向。同时,未来业绩优秀者可有机会获得追加授予。

接下来,看看获得全员激励的门槛条件:

①在上一个考核期绩效为B及以上的正式员工。

②对乐视生态文化、价值观、愿景高度认同。

③在职期间无重大违规、违纪、贪腐等行为。

自本通知发布之日起,首批股权激励即开始陆续授予。

但是在2年后,即2017年,乐视致新等乐视系公司的核心员工却被通知,其手中的股权全部“清零”,员工手中的股权协议书成为一张“废纸”。高管手中的股权被“清零”,加速了乐视高层人员大规模出走,而这些高管大多是贾跃亭在前两年花大力气“挖”来的人才,当时给出的条件便是相应公司的原始股。贾跃亭原定的乐视全员股权激励计划正式失败了。

乐视的股权激励计划是贾跃亭想“清零”就能“清零”的吗?答案当然是否定的,但事实上乐视的股权激励计划确实因此而失败了。为了找到其中的原因,我们经过查询,在网上找到乐视股权激励计划中的一份委托持股协议,发现协议上仅有委托人的签字,而受托人贾跃亭并没有签字。没有签字,意味着贾跃亭在形式上没有认同委托持股协议,股权激励计划被单方面“清零”,似乎也就不足为奇了。

此外,有些创始人在公司的股权激励方案中要求在终止条款中对本次激励的撤销终止情况予以约定,比如约定公司有权决定随时回购股权。在笔者所服务的客户中,也存在这种情况,笔者当下给出的回复意见是摒弃这种操作。试想一下,若自己是激励对象,在得到公司的股权后却面临该股权可能随时会被收回的风险,对于一个随时可能被收回的东西,这个股权真正能起到多大的激励作用呢?

(3)未参与公司决策,纯粹获得分红

当公司股权高度集中时,公司大股东往往就会搞“一言堂”,若是大股东的决策出现问题,可能还会在一定程度上损害公司其他股东与员工的权益,进而影响公司正常的经营管理。同样,在股权激励中,大股东为了保障自己的控制权,可能会剥夺激励对象参与公司决策的权利,即限制其在股东会上的表决权,激励对象基于该股权可能只能获得公司的分红。实际上,这与公司实行绩效奖金分红并无太大差异。我们通过股权来对高管及员工进行激励,实际上就是想要让其从内心认可公司,认可自己在公司的价值,让其有一种主人翁的心态为公司服务。对此,可以通过分离表决权与分红权来避免相应问题。

☞小贴士

《公司法》第四十二条规定:“股东会会议由股东按照出资比例行使表决权;但是,公司章程另有规定的除外。”

《公司法》第三十四条规定:“股东按照实缴的出资比例分取红利;公司新增资本时,股东有权优先按照实缴的出资比例认缴出资。但是,全体股东约定不按照出资比例分取红利或者不按照出资比例优先认缴出资的除外。”

○**破局之道**

股权激励,不应该是企业实际控制人忽悠员工、忽悠合作伙伴、节省人力成本、节省现金流的西洋镜,而应该是一把“众志成城,共克时艰,共创、共享、共赢”的连心锁。那么我们如何破解股权激励中一些走过场的问题呢?

一方面,签署股权激励计划以明确股权激励事实。为了避免名为股权激励,实为借贷的情况的发生,一定要注重股权激励的形式要件,实务中除了股权激励计划、股权转让协议等文件,还有许多配套性的文件,这些文件发挥的作用各有不同,详见第八章。从激励对象角度来看,签署协议后还必须自行持有,并确保相关股权证书加盖公章。若是在激励计划中存在相关考核,还需要保存好公司认定激励对象绩效考核通过的文件,以及与公司实际控制人之间有关的记录,如电子邮件、短信、微信等。

另一方面,股权激励中避免股权赠与。除非公司以员工福利性质进行配股,否则若是想要用股权来切实地激励员工为公司服务，发挥个人余热，则最好不要以股权赠与的方式操作，毕竟免费得到的东西一般不会被珍惜。而作为激励对象，也要避免签署的协议中出现“赠与”“赠送”等字眼，且股权的对价不要约定为0元。同时，在协议中最好能明确地出现“转让”“有偿”等字眼，这样即使发生纠纷，法院在给协议定性时，就会更倾向于认定为股权转让合同，而非赠与合同，从而在一定程度上避免了随时被撤销的问题。

第七章

你争我斗——退出机制缺位

在创业合伙的过程中，许多创业者常常是撸起袖子说干就干，仔细一点的可能会对每个人各自的持股比例及如何分配利润等进行沟通。但碍于兄弟情面，大家对于退出的问题往往难以启齿，认为在公司起步阶段就约定退出机制未免“晦气”“伤和气”，这就导致公司存在不明确的退出机制，甚至不存在退出机制，最终会损害公司和股东的利益。你争我斗，实际上就是公司退出机制缺位的表现。司法裁判大数据显示，公司退出机制不畅通导致的纠纷目前已成为数量最多的与公司有关的纠纷，这反映了股权败局之“你争我斗”已成为众多企业发展的高发风险点。

第七章

你争我斗——退出机制缺位

创业公司的股权价值是所有股东长期服务于公司所创造的，当股东因各种原因拟退出公司或被强制退出公司时，为了避免在退出时因价格等问题产生矛盾与争议，必须按照一定的标准约定在先。这样，一方面对退出的股东及继续在公司奋斗的股东更公平，另一方面也有利于公司的持续稳定发展。

○退出路径

关于股权退出机制，我们首先需要了解，在实务中可采用哪些退出实现路径。总体而言，主要有以下四类路径。

(1)股权转让

股权转让是最为常见的退出方式。在不同的企业发展阶段,股权转让也存在不同的操作形式。比如,在企业的创业前期及发展期,股东可通过股权协议拟定的形式退出;而当公司发展至一定规模,具备一定市场条件后,则可通过首次公开发行股票的形式予以退出。

A. 股权协议转让

《公司法》第七十一条规定:"有限责任公司的股东之间可以相互转让其全部或者部分股权。股东向股东以外的人转让股权,应当经其他股东过半数同意。股东应就其股权转让事项书面通知其他股东征求同意,其他股东自接到书面通知之日起满三十日未答复的,视为同意转让。其他股东半数以上不同意转让的,不同意的股东应当购买该转让的股权;不购买的,视为同意转让。经股东同意转让的股权,在同等条件下,其他股东有优先购买权。两个以上股东主张行使优先购买权的,协商确定各自的购买比例;协商不成的,按照转让时各自的出资比例行使优先购买权。"

同时该条也规定了股权转让可以由公司章程作出另行约定,并按公司章程约定执行。由此可见,股权转让在有限责任公司中较为灵活，不论退出情形、退出价格乃至回购主体（股权转让受让方），均可由公司章程自主设计约定。

B. 股权上市转让

IPO是在公司发展成熟以后，通过在证券市场挂牌上市来实现资本增值及股东退出的方式，这一般也是公司股东包括创业者和投资人最乐于见到的退出方式。由于证券市场的杠杆作用，公司一旦上市，股票价值就会得到巨大提升，原股东所持有的股票可以获得爆炸性的增值，一旦抛出即可获得高额的资本收益。

当然，IPO的优势并不局限于股票的增值，更重要的是公司进行了IPO，表明资本市场对公司良好经营业绩的认可，可以使公司获得在证券市场上持续融资的基础。当然，以IPO的方式退出也存在一定的局限性，在项目公司IPO之前的一两年，必须做大量的准备工作，要将公司的经营管理状况、财务状况和发展战略等信息向外公布，使广大投资者了解公司的真实情况。相比其他退出方式，IPO的手续比较烦琐，退出费用较高，且在公司IPO之后存在股份的禁售期，这也在一定程度上加大了收益不能快速变现或推迟变现的风险。

(2)减资

减资是通过公司收回股东的出资,并办理减少公司注册资本的工商登记变更手续来实现股东退出的方式。这种退出方式优点在于股东的单向退出,无须另行筹集股权的回购款项,在程序上也较为烦琐。首先,减资属于公司的重大事项,根据《公司法》第四十三条,需要2/3以上表决权股东同意,且对此事项公司章程不得作出另行规定,即若是公司章程约定仅需1/2以上表决权股东同意属于无效情形。此外,公司减资需要编制资产负债表、财产清单,需要通知债权人,并与其协商债务偿还或担保事宜,需要在报纸上公告,程序较为复杂。因此,公司的减资程序适合于股东之间分歧较小,且对外债务不多的公司。

☞小贴士

《公司法》第四十三条规定:"股东会的议事方式和表决程序,除本法有规定的外,由公司章程规定。股东会会议作出修改公司章程、增加或者减少注册资本的决议,以及公司合并、分立、解散或者变更公司形式的决议,必须经代表三分之二以上表决权的股东通过。"

(3)异议股东回购请求权

在实务中,有些公司的大股东利用其对公司的控制权,长期不向股东分配利润,并通过其他方式严重损害中小股东的权益。针对这种情况,《公司法》第七十四条便规定了股东在法定条件下,依法定程序可退出公司。

☞小贴士

《公司法》第七十四条规定:

"有下列情形之一的,对股东会该项决议投反对票的股东可以请求公司按照合理的价格收购其股权:

"(一)公司连续五年不向股东分配利润,而公司该五年连续盈利,并且符合本法规定的分配利润条件的;

"(二)公司合并、分立、转让主要财产的;

"(三)公司章程规定的营业期限届满或者章程规定的其他解散事由出现,股东会会议通过决议修改章程使公司存续的。

"自股东会会议决议通过之日起六十日内,股东与公司不能达成股权收购协议的,股东可以自股东会会议决议通过之日起九十日内向人民法院提起诉讼。”

同时该条规定，股东提起股权回购请求权诉讼必须同时符合实体要件和程序要件。实体上股东必须具备股东资格且对股东会相关决议投反对票。程序上股东应在法定期限内先行与公司协商以合理价格收购其股权，协商不成后再起诉，即自股东会会议决议通过之日起六十日内，股东与公司不能达成股权收购协议的，股东可以自股东会会议决议通过之日起九十日内向人民法院提起诉讼。

(4)公司解散

根据《公司法》第十章的规定，股东在公司解散的情形下等同于取得了退出公司的法律效果。目前解散公司存在以下两种情形：

一种是，发生了法定的解散事由。

☞小贴士

《公司法》第一百八十条规定：

“公司因下列原因解散：

“(一)公司章程规定的营业期限届满或者公司章程

规定的其他解散事由出现;

“(二)股东会或者股东大会决议解散;

“(三)因公司合并或者分立需要解散;

“(四)依法被吊销营业执照、责令关闭或者被撤销;

“(五)人民法院依照本法第一百八十二条的规定予以解散。”

公司财产在分别支付清算费用、职工工资、社会保险费用和法定补偿金,交纳所欠税款,清偿公司债务后的剩余财产,有限责任公司按照股东的出资比例分配。

另一种是,根据《公司法》第一百八十二条,持有公司全部股东表决权百分之十以上的股东,在发生特定情形时亦有权请求人民法院解散公司。此种方式在启动程序的条件上较为严苛,且周期较长,一般法院对此较为慎重。

☞小贴士

《公司法》第一百八十二条规定:“公司经营管理发生严重困难,继续存续会使股东利益受到重大损失,通过其他途径不能解决的，持有公司全部股东表决权百分之十以上的股东，可以请求人民法院解散公司。”

根据前述对于股东退出路径的分析，可发现，无论从股东的自主约定来看，还是从程序的简便性来看，股权协议转让是企业在创业发展阶段的最优选择，可以根据企业的实际情况来酌情由公司章程作出股权转让的特殊约定，以期实现各股东及公司之间的利益平衡。我们所说的退出机制缺位，不仅在于退出的路径与方法，若要提前设定好股权退出机制，需要约定好在不同情况下股东退出公司的具体条件，包括确定退出的不同情形，以及在不同情形下退出的价格及回购的主体。

1 设计退出情形，应穷其所有

对于退出情形，有些创业者或许对此已有一定认识，于是将其他公司所设定的一些退出情形盲目照搬到自己公司的股权设计方案中。可是真的有效吗？真的不一定，每一个人都有自己的衡量标准，别人的设计并不一定就适合你。退出情形实际上就是触发股东退出的既定条件，需要根据不同的退出情形来匹配相应的退出价格及回购方式。因此，退出情形的设置在退出机制中尤为重要，而其设置的要领就是要穷其所有，即将公司股东所有可能发生的退出情形一一列举，而后再根据情形进行分类。

股东的退出，从法定情形来看，如公司依法解散、股东死亡或其股权被法院强制执行等，均会造成股东的退出。而我们在股权设计中要避免类似的风险，关键在于如何设定退出情形。关于股东的约定退出，通常会从两个方面予以考虑，一是主动退出，二是被动退出。

○主动退出

股东主动退出的情形较多。如今创业的成功率并没有很高，有时公司经营风险过大，以至于超出股东投资的预期，个别股东可能会因此想要退出公司，及时止损；有的股东因个人经济情况发生变故而急需退股套现换取现金；还有因股东之间产生矛盾，就如“泡面吧”案例一样，股东难以继续愉快地合作下去而欲退股。

站在公司的立场上，从有利于创业项目的稳定性与成功率的角度来看，笔者通常会建议客户在退出机制中约定一定的禁止退出的年限。该年限约定的长短通常取决于公司的实际情况和需求，需要注意的是设置一定退出期限的目的并不是限制股东的“人身”自由，而是针对在不同期限退出，匹配不同的退出价格。

【案例】

现实版“中国合伙人”——“泡面吧”股权之争[①]

“泡面吧”是一家国内在线教育企业。“泡面吧”由俞昊然发起，同时俞昊然亦是公司核心产品代码的实际拥有者。但俞昊然尚在美国读书，因此将“泡面吧”的所有事务交给了他颇为信任的王冲，而另一核心股东严霁玥则负责公司的法律与财务事宜，同时担任公司的法定代表人。由于公司大小事务都由王冲操持，其对公司的控制程度也在不断增强。在三人的一次会议上，俞昊然要求与王冲进行股份对调，而王冲说股权要平均分配。这是怎么回事儿？原来，在“泡面吧”天使融资的时候，天使投资人要求公司要有一人股权独大，考虑到俞昊然在外求学，决定由王冲占大股，调整过后的股权比例是王冲占65%，俞昊然占25%，严霁玥占10%。俞昊然主张等到融资成功，两人的股份再进行对调，俞昊然仍为第一大股东。而王冲却说两人口头约定的是股权平均、优先稀释，在后轮融资中，先稀释王冲的股份，等到王冲的股份和俞昊然的股份相近，再稀释王冲和俞昊然的股份，最后达到股权平均。

① 资料来源：新芽网，http://news.newseed.cn/p/1317420。

此外，俞昊然休学回国后，发现公司与天使投资人签订的投资协议中有一项针对俞昊然回国的特别条款。事实上对于该项条款，俞昊然已明确要求王冲予以修改，但在王冲的主持下公司仍然与投资人签订了保留该项条款的协议，这引起俞昊然的强烈不满；同时，俞昊然还怀疑王冲为了签订投资协议而伪造自己的签名。随后，俞昊然发现王冲违背了双方的口头约定，已成为“泡面吧”最大的股东，由此股东冲突一触即发。

在“泡面吧”即将获得A轮融资前，3位公司创始股东彻底决裂。在“泡面吧”官方声明中，王冲、严霁玥被踢出公司，同时禁止二人使用“泡面吧”的项目代码；王冲、严霁玥为了报复俞昊然，亦将“泡面吧”项目团队和用户管理人员从QQ群踢出，严重影响了“泡面吧”的市场运营，王冲还将公司产品的核心代码予以删除，导致项目终止。一家估值1亿、曾大有前途的公司在一夜间分家，令人唏嘘，使人警醒。

随着公司的发展，股东之间难免会出现矛盾，若没有一个合理的股权退出机制，不仅会损伤股东个人的利益，破坏股东内部的感情，还会严重阻碍创业公司的发展，尤其是处于股权融资关口的公司。当俞昊然和王冲等人产生矛盾时，公司难以运营，最后只能选

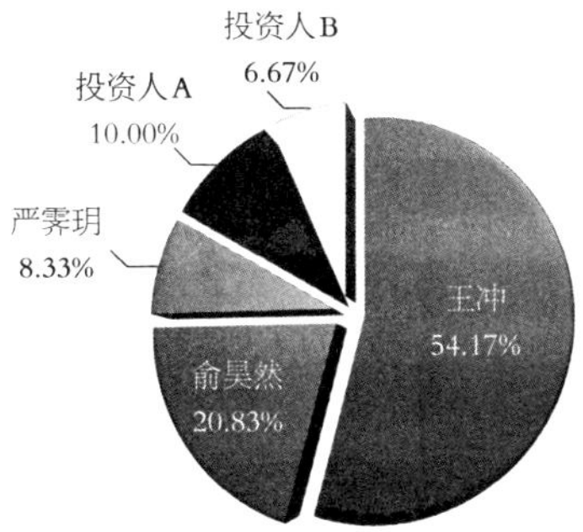

图7-1 “泡面吧”运营公司股权结构图

择散伙。如今俞昊然、王冲等人均已另起炉灶,分别创业,试想一下,若是“泡面吧”之前设置了一个合理的退出机制,股东的进出有序是否可以使“泡面吧”项目发展成在线教育行业的领头羊?

○被动退出

股东被动退出是指当出现股东之间所约定的某些退出情形时,就强制性地要求相应股东退出公司,剥夺其股东身份。当然对于被动退出的情形,依然需要区分两种情况:一是股东有过错被强制退出,二是股东无过错被强制退出。

(1)有过错退出

当股东出现过错或是重大过失的行为,比如股东故意损害公司利益，或因触犯法律、违反职业道德、泄露公司机密、失职或渎职等行为严重损害公司利益或声誉时，可以要求股东强制退出。

除此以外，《公司法》第一百四十七条、第一百四十八条规定，公司的董事、监事、高级管理人员对公司负有忠实义务和勤勉义务。那么在股东的被动退出情形中可以考虑约定，若是出现以下情形的，将被强制退出公司：①利用职权收受贿赂或者其他非法收入，侵占公司的财产；②挪用公司资金；③将公司资金以其个人名义或者以其他个人名义开立账户存储；④违反公司章程的规定，未经股东会、股东大会或者董事会同意，将公司资金借贷给他人或者以公司财产为他人提供担保；⑤违反公司章程的规定或者未经股东会、股东大会同意，与本公司订立合同或进行交易；⑥未经股东会或者股东大会同意，利用职务便利为自己或者他人谋取属于公司的商业机会，自营或者为他人经营与所任职公司同类的业务；⑦接受他人与公司交易的佣金归为己有；⑧擅自披露公司秘密；⑨违反对公司忠实义务的其他行为。

(2)无过错退出

对于股东解雇退出(非股东个人原因)，非因工伤工亡的退出，因工伤工亡的退出，因无法正常工作的退出，因个人负有较大债务且短期内无法清偿债务的股权退出等，虽然其个人不存在过错或重大过失，但是因其所发生的行为会影响公司的发展，故可要求其强制退出。而为公平起见，在退出价格上必须与有过错的被动退出进行区分。

当然，笔者虽主张设计退出情形应穷其所有，但考虑到在股权设计方案制定时难以对所有的退出情形进行完整罗列，因此笔者通常会在股权设计方案中赋予股东会解释和补充强制退出情形的权利，约定股东会有权认定其他的强制退出情形。

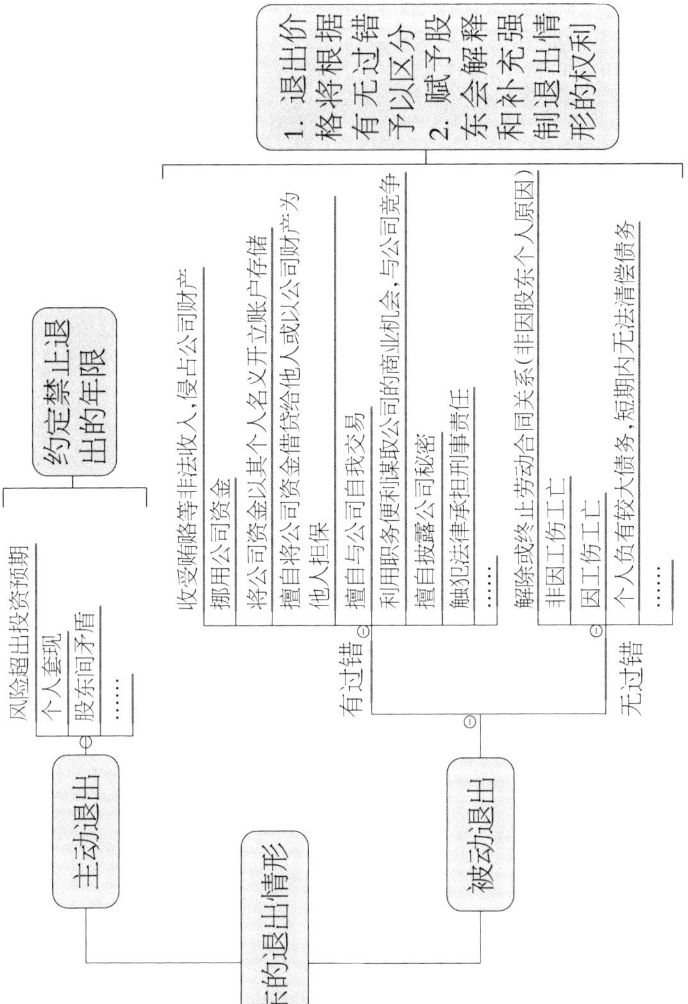
股东的退出情形
主动退出
风险超出投资预期
个人套现
股东间矛盾
……
约定禁止退出的年限
被动退出
有过错
收受贿赂等非法收入，侵占公司财产
挪用公司资金
将公司资金以其个人名义开立账户存储
擅自将公司资金借贷给他人或以公司财产为他人担保
擅自与公司自我交易
利用职务便利谋取公司的商业机会，与公司竞争
擅自披露公司秘密
触犯法律承担刑事责任
……
无过错
解除或终止劳动合同关系（非因股东个人原因）
非因工伤工亡
因工伤工亡
个人负有较大债务，短期内无法清偿债务
……
1. 退出价格将根据有无过错予以区分
2. 赋予股东会解释和补充强制退出情形的权利

图 7-2 股东的退出情形

○参考:上市公司实施股权激励的典型退出情形[①]

此处,笔者提供一份上市公司通常采用的股权激励计划中的关于激励对象个人情况发生变化的典型退出处理,以供参考。

(1)激励对象发生职务变更

①激励对象发生职务变更,但仍在本公司或本公司子公司任职的,其已获授的股票期权仍然按照本激励计划规定的程序进行。

②激励对象担任监事或独立董事或其他因组织调动不能持有公司股票或股票期权的职务,其已行权股票不作处理,已获授但尚未行权的股票期权不得行权,由公司进行注销。

③激励对象触犯法律、违反职业道德、泄露公司机密、因失职或渎职等行为损害公司利益或声誉而导致职务变更的,或因上述原因导致公司解除与激励对象劳动关系的,其已行权股票不作处理,已获授但尚未行权的股票期权不得行权,由公司进行注销。

(2)激励对象离职

①激励对象合同到期且不再续约或主动辞职的,其已行权股

① 资料来源:中财网,http://www.cfi.net.cn/p20180715000339.html。

票不作处理，已获授但尚未行权的股票期权不得行权，由公司进行注销。

②激励对象若因公司裁员等原因被动离职且不存在绩效不合格、过失、违法违纪等行为的，其已行权股票不作处理，已获授但尚未行权的股票期权不得行权，由公司进行注销。

(3)激励对象退休

激励对象退休后返聘的，其已获授的股票期权将完全按照退休前本计划规定的程序进行。若公司提出继续聘用要求而激励对象拒绝的或激励对象因退休而离职的，其已行权股票不作处理，已获授但尚未行权的股票期权不得行权，由公司进行注销。

(4)激励对象丧失劳动能力而离职

①激励对象因工受伤丧失劳动能力而离职的，由薪酬委员会决定其已获授的权益将完全按照情况发生前本激励计划规定的程序进行，其个人绩效考核结果不再纳入行权条件，或由公司注销其已获授但尚未行权的股票期权。

②激励对象非因工受伤丧失劳动能力而离职的，其已行权股票不作处理，已获授但尚未行权的股票期权不得行权，由公司进行注销。

(5)激励对象死亡

激励对象身故的,其已行权股票不作处理,已获授但尚未行权的股票期权不得行权,由公司进行注销。

(6)激励对象所在子公司发生控制权变更

激励对象在公司控股子公司任职的,若公司失去对该子公司的控制权,且激励对象未留在公司或者公司其他控股子公司任职的,其已行权股票不作处理,已获授但尚未行权的股票期权不得行权,由公司进行注销。

(7)激励对象资格发生变化

激励对象如因出现以下情形之一导致不再符合激励对象资格的,激励对象已行权股票不作处理,已获授但尚未行权的股票期权不得行权,由公司注销。

①最近12个月内被证券交易所认定为不适当人选;

②最近12个月内被中国证监会及其派出机构认定为不适当人选;

③最近12个月因重大违法违规行为被中国证监会及其派出机构行政处罚或者采取市场禁入措施;

④具有《公司法》规定的不得担任公司董事、高级管理人员情

形的；

⑤法律法规规定不得参与上市公司股权激励的；

⑥中国证监会认定的其他情形。

2 锁定退出价格，要准确唯一

【案例】

事先约定股权回购价款，即便公司资产发生重大变化

也不能要求调整价款[①]

2000年5月29日，信达公司（原中国信达资产管理公司）与中国华融资产管理公司（以下简称“华融公司”）、石炭井矿务局签订《石炭井矿务局债权转股权协议》，三方就石炭井矿务局实施债转股的有关事宜达成如下协议：债权方信达公司、华融公司以转股债

① 资料案例：中国裁判文书网，http://wenshu.court.gov.cn/content/content?DocID=d7396cbb-f3d6-4daf-828f-c4418daa8252&KeyWord=中国信达资产管理股份有限公司。

权按照1:1转换比例折合的债转股资产作为出资，石炭井矿务局以转入新公司的净资产按照1:1转换比例折合的资产作为出资，共同设立太西集团，公司初始注册资本为133976万元，其中石炭井矿务局出资107783万元，占注册资本的80.45%，华融公司出资20000万元，占注册资本的14.93%，信达公司出资6193万元，占注册资本的4.62%。协议还约定，华融公司、信达公司所持有新公司的股权可采取新公司回购、债权方转让和丙方（石炭井矿务局）收购3种退出方式，退出的时间为7年，从2000年开始退出，在2007年前全部退出。2000年6月9日，信达公司与华融公司、石炭井矿务局签订《债权转股权补充协议》，约定债权方的股权通过新公司回购方式退出时，股权退出价格为债权方转股债权原值，不采取溢价方式计算，即在补充协议约定的回购期限内，债权方通过新公司回购债权方股权所得金额等于转股债权原值。原协议股权退出价款支付计划，按如下原则调整：原协议中债权方每年的股权退出比例、股权退出数额及股权全部退出年限不变，取消原计划中关于股权退出按一定股权溢价率支付回购价款的约定，新公司在每具体回购年度按照原计划中约定的回购股权本金比率实施回购，新公司回购股权价款绝对金额按上述原则重新确定。2001年12月28日，工商行政部门核发了太西集团企业法人营业执照，营业期限自2000年6月28日至2010年6月28日。2002年6月，太西集团给华融公司、信达公司核发《股权证明书》，载明太西集团出资为106258万元，出资比例占80.22%，华融公司出资比例15.10%，信达公司出资比例4.68%。该月，太西集团支付信达公司股权回购款35万元，信达公司持股比例由4.68%减少为4.65%，出资额由6193万元减少为6158万元。

2011年8月18日，太西集团向各股东发出《关于以信函方式召开太西集团临时股东会会议的通知》，决定采取信函方式于2011年8月28日召开临时股东会会议并形成股东会决议。2011年8月28日，太西集团形成《关于太西集团有限责任公司延长经营期限股东会决议》，将营业期限延长至2016年6月28日，太西集团和华融公司在决议上盖章，信达公司未盖章。信达公司于2011年9月13日向太西集团发出《关于对太西集团有限责任公司临时股东会议题表决的函》，表示不同意延长太西集团经营期限。2011年9月20日经工商登记部门核准，太西集团营业期限延长至2014年6月28日。

信达公司向法院提起诉讼，请求判令：太西集团回购信达公司持有的4.65%的股份，回购价款为（1）信达公司的出资额6158万元，(2)按清算、审计及评估后确定的股权价值，2种价款计算方式中较高的价款。贵州省高级人民法院判决：一、太西集团于判决生效之日起10日内支付信达公司4.65%股份的股份回购款6158万元及股份回购款6158万元自2007年1月1日至判决生效之日按中国人民银行同期贷款基准利率计算的利息。二、驳回信达公司的其他诉讼请求。一审案件受理费1454062元，由太西集团负担535566元，信达公司负担918496元。双方均向最高人民法院提起上诉，最高人民法院驳回双方上诉，维持原判。

股权退出方式及价格并非由法律规定，也不是根据公司经营盈亏情况进行评估后确定，而是由当事人自由协商确定，对当事人具有法律约束力。至于公司在成立后资产发生了变化，并非必然导致股权价值的变化，股权价值还取决于公司其他因素，比如公司不良资产率、发展前景、发展环境、供求关系等。因此，即使公司产生亏损，或者在股权回购时企业财产的实际状况已经发生减少，在当事人没有明确约定的情况下，不能仅以股权回购时企业财产的实际状况来判断股权收购价值。

有人会说，这样对于股权的转让方而言是否太亏了呢？事实上，公司全体股东应在公司设立之初就约定股权回购价款的计算方式。因为通常当发生股权回购时,可能多半股东之间已经"撕破脸",很难再通过协商的方式确定各方均可接受的股权回购价款,即使可以协商,各方也会因为价格的高低而产生争议。因此,最好的办法就是事先确定股权回购价款的计算方式,而且这个计算方式必须是准确、唯一的。

○退出价格的几种参数

对于股权的退出价格,可以考虑以下几个参数:

①入股时投入资金的成本,且可计入一定的利息;

②退出时公司上一月/季/年度财务报表体现的公司净资产;

③退出时公司上一月/季/年度财务报表体现的公司主营业务收入;

④退出时公司上一月/季/年度财务报表体现的公司净利润;

⑤公司上一轮融资时公司估值的一定折扣价格。

○退出价格如何实现动态、合理、公允

(1)按照动态的股权回购价款的计算方式来保障价格的动态性

在本节案例中,因为提前约定了一个固定的股权回购价格,所以在股权回购时，尽管公司的实际资产已经严重减少，但丝毫未影响本次股权依然按照约定价格回购的事实，这对于回购主体存在一定的不公平。因此，为避免因公司资产发生重大变化、事先约定的回购价款过高或过低导致对股东一方或公司一方明显不公，应当约定动态的股权回购价款的计算方式及调整机制，比如可以约定一个最低回购价款，并约定在此基础上根据公司的净资产变化而相应调整最终的股权回购价款；还可以提前设置多个价格参数，并按照孰高原则或孰低原则来确定最终的股权回购价格。若是采用这种动态的定价方式，就能避免像本节案例所遇到的情况。

(2)按照孰高、孰低原则来保障价格的合理性

因为一个创业项目的成功与否谁也不能保证，公司在成立后的经营情况也难以预测，公司发展不好一直在走下坡路，而成立时约定股东主动退出可以按照原价退出，那这从一定程度上岂不是意味着越早退出的股东反而可以避免更多的经营风险吗？为了避免出现这种情况，可以考虑按照孰低原则来确定回购价格，比如根据股东入股原价、公司净资产、公司估值等多个价格参数以最低的价格确定相应的回购价格。

(3)参照惩罚性原则来保障价格的公允性

除了前述提及的价格设置方法,从公允性考虑,股东在被动退出时可能因为存在过错或重大过失而给公司造成实际损失的,在退出价格中可以约定,基本的退出价格需要除去该股东获取公司分红的部分,并要求其承担相应的赔偿责任。

3 确定回购主体，确保股权结构

对于回购主体的确定，一方面需要从公司目前的股权结构上予以考虑。一般从有利于公司稳定性来说，需要确保股权结构的稳定性，即在发生本次股权回购后对原有的股权结构不会发生实质性的变化，至少不宜影响实际控制人的控制地位。另一方面，需要考虑相关回购主体的支付能力及股东之间的意见倾向。

○大股东/实际控制人回购

从公司控制权等角度考虑，一般由公司的大股东或实际控制人进行回购，并由其同退出的股东签署相关法律文本，而回购的价款一般也由大股东承担。

○所有股东按其所持比例回购

考虑到大股东或实际控制人出现购买力不足的情况，或是由大股东回购股权引发其他股东的不满，经协商也可考虑由所有股东按其所持股比例进行回购。

○股东会指定的第三方回购

考虑到公司可能因实际发展的需要而引入新股东，便于程序性上操作，可以在经公司股东会决议通过后，由股东会指定的第三方进行回购，以此也可实现新老股东的更替。

○公司回购

对于公司回购的问题，《公司法》对有限责任公司及股份有限公司均作出了相关规定。《公司法》第七十四条规定：

“有下列情形之一的，对股东会该项决议投反对票的股东可以请求公司按照合理的价格收购其股权：

“(一)公司连续五年不向股东分配利润，而公司该五年连续盈利，并且符合本法规定的分配利润条件的；

“(二)公司合并、分立、转让主要财产的;

“(三)公司章程规定的营业期限届满或者章程规定的其他解散事由出现,股东会会议通过决议修改章程使公司存续的。”

《公司法》第一百四十二条规定:“公司不得收购本公司股份。但是,有下列情形之一的除外:

“(一)减少公司注册资本;

“(二)与持有本公司股份的其他公司合并;

“(三)将股份用于员工持股计划或者股权激励;

“(四)股东因对股东大会作出的公司合并、分立决议持异议,要求公司收购其股份;

“(五)将股份用于转换上市公司发行的可转换为股票的公司债券;

“(六)上市公司为维护公司价值及股东权益所必需。”

公司因前款第(一)项、第(二)项规定的情形收购本公司股份的,应当经股东大会决议;公司因前款第(三)项、第(五)项、第(六)项规定的情形收购本公司股份的,可以依照公司章程的规定或者股东大会的授权,经三分之二以上董事出席的董事会会议决议。公司依照本条第一款规定收购本公司股份后,属于第(一)项情形的，应当自收购之日起十日内注销；属于第（二）项、第（四）项情形的，应当在六个月内转让或者注销；属于第（三）项、第（五）项、第（六）项情形的，公司合计持有的本公司股份数不得超过本公司已发行股份总额的百分之十，并应当在三年内转让或者注销。上市公司收购本公司股份的，应当依照《中华人民共和国证券法》的规定履行信息披露义务。上市公司因本条第一款第（三）项、第（五）项、第（六）项规定的情形收购本公司股份的，应当通过公开的集中交易方式进行。公司不得接受本公司的股票作为质押权的标的。

不过，2018年10月26日，第十三届全国人民代表大会常务委员会第六次会议决定对《公司法》第一百四十二条有关股份有限公司股份回购的规定进行了专项修订——新增回购情形、简化决策程序、建立库存股制度，让公司回购自由度大幅提升。回购的情形从四种扩展到六种，新增了回购股份用于可转债股权转换、为维护公司信用及股东权益所必需这两种情况，同时将“股份奖励”条款完善为“用于员工持股计划或者股权激励”。新修订的《公司法》打开了上市公司回购的广阔空间，一批公司正火速推出回购方案。

因此，只要不属于前述情形的，股份公司不能回购自身的股权，股东也不能要求股份公司回购其所持有的本公司股权。

通过对规定有限公司股权回购的《公司法》第七十四条与规定股份公司回购的《公司法》第一百四十二条及最新的《公司法修正案(草案)》的比较,可以发现,《公司法》第七十四条并没有对有限公司回购本公司股权的原则作明确的规定,因此,对于由有限责任公司作为约定的股权回购主体仍然存在一定的可操作空间。

此外,《创业投资企业管理暂行办法》第二十四条规定:“创业投资企业可以通过股权上市转让、股权协议转让、被投资企业回购等途径,实现投资退出。”《外商投资创业投资企业管理规定》第三十四条规定,创投企业出售或以其他方式处置其在所投资企业的股权时,可以依法选择适用的退出机制,包括“与所投资企业签订股权回购协议,由所投资企业在一定条件下依法回购其所持有的股权”。可见,《创业投资企业管理暂行办法》和《外商投资创业投资企业管理规定》在《公司法》规定的股权转让、退出路径之上,开辟了签订股权回购协议的退出方式,且认可由公司作为股权回购的主体。

【案例】

沛县舜天房地产开发有限公司与叶宇文股权转让纠纷案[①]

在该案中，叶宇文与其他两位股东出资设立舜天公司。后因股东间经营理念有分歧，叶宇文与舜天公司直接签订了《股权转让协议》，约定叶宇文将股权转让给舜天公司，该协议加盖了舜天公司公司印章，其他股东作为公司代表在该协议上签字。协议签订后，舜天公司未按约付款，故叶宇文诉至法院。法院认为，《股权转让协议》系各方的真实意思表示，《公司法》规定股东不得抽逃出资，但《公司法》并不禁止股东在公司成立之后以合法方式退出公司，包括以公司回购股权的形式退出公司。股东通过公司回购股份退出公司，并不仅限于《公司法》第七十四条规定的情形。《公司法》允许公司与股东在公司解散诉讼案件中，协商由公司回购股东股份，以打破公司僵局，使公司保持存续而免遭解散，那么允许公司与股东在公司僵局形成之初、股东提请解散公司之前，即协商由公司回购股份以打破公司僵局，避免走向公司解散诉讼，符合《公

① 资料来源：搜狐网，https://www.sohu.com/a/143371194_472674。

司法》立法原意。通过公司回购股东股份,使公司继续存续,可以保持公司的营运价值,并不必然导致公司债权人利益受损。人民法院支持了叶宇文要求公司回购股权的诉请。

邓忠生与株洲市建筑设计院有限公司、谢辉股权转让纠纷案[①]

该案系检察机关抗诉引起。抗诉机关认为,建筑设计院《公司章程》及《股权管理办法》中回购股权的条款违反法律规定,为无效条款。《公司法》对公司回购股份有严格的限制,有限责任公司除第七十四条规定的异议股东回购权外,公司不得回购股份。建筑设计院规定职工离职30日内没有确定受让人的,由公司回购股权。职工离职未确定股权受让人,不是《公司法》规定的公司可以回购股权的例外情形,故该条款因与法律规定相违背,是无效条款。

然而,人民法院认为,建筑设计院系有限责任公司,其《公司章程》和《股权管理办法》经过股东代表大会表决通过,对建筑设计院及全体股东具有法律约束力。《公司法》第七十四条是关于有限责任

① 资料来源:中国裁判文书网,http://wenshu.court.gov.cn/content/content?DocID=0e70a2f5-5b7f-4e64-b17e-5ef7f32eb108&KeyWord=株洲市建筑设计院有限公司。

公司中异议股东股份回购请求权的规定，具有该条规定的3项法定事由之一，公司即有义务回购异议股东的股份，而并非规定公司只能回购异议股东的股份及除此之外不得回购公司其他股东的股份。法律对有限责任公司回购股权并无禁止性规定。建筑设计院的《公司章程》及《股权管理办法》关于股份回购的具体内容，不违反公司法中有关注册资本维持的基本原则，也不损害第三人的合法权益，是有效条款。检察机关抗诉提出的意见，人民法院不予采纳。

关于公司作为股权回购的主体，笔者认为，《公司法》第七十四条并非效力强制性规定，也就是说，在实务中由有限公司回购股权可以在有限公司内部由股东自主约定。而一般情况下有限公司不得自持其股权，因此，有限公司在回购股东股权之后需要进行减资程序，这增加了该种回购方式在程序上的复杂性。不过，鉴于对股份公司回购股权的最新专项修订，已经明确可基于股权激励实现公司回购股份，可以由经2/3以上董事出席的董事会会议决议，不必经股东大会决议。公司合计持有的股份数不得超过已发行股份总额的10%，应在3年内转让或者注销。

第八章

形神分离
——专业配套协议缺位

《黄帝内经·素问》中云："上古之人，其知道者，法于阴阳，和于术数，食饮有节，起居有常，不妄作劳，故能形与神俱，而尽终其天年，度百岁乃去。"这说明人要身心健康，就要勿禁勿纵，肚子饿了就吃饭，身体累了就睡觉，保持精神状态与身体反应相一致，所谓"形与神俱，而尽终其天年"。而股权设计规则与专业配套协议同样是"形神相守则生，形神分离则亡"，只有股东之间就股权架构与公司治理所约定的规则和具体的书面法律文件相配套，才能最终实现股权设计。

第八章

形神分离——专业配套协议缺位

或许是基于合伙人之间的信任，或许是因为法律意识的缺乏，笔者在实践过程中遇到过很多案例，股东之间没有签署或者没签好相应的协议，最终导致纠纷的产生或利益的损失。对于这样的案例，笔者不禁感慨："形神相守则生，形神分离则亡。"

○只有签好法律文件，创业才能心无旁骛

2017年2月，一篇名为《就算老公一毛钱股份都没拿到，在我心里，他依然是最牛的创业者》的文章疯传网络，这篇文章中讲到了作者的丈夫作为初创公司的二号人物夜以继日的付出。文章说，

作者也多次问丈夫,公司的大股东CEO有没有谈过股权期权之类的事,丈夫回答说,公司初创期股权不宜太分散,只有股权集中公司才能迅速发展。作者问丈夫,当初有没有签合伙人协议之类的文件?丈夫回答说没有,并认为这些要等公司发展壮大再说,蛋糕做大了才有的分嘛。作者当时还觉得丈夫的格局很大,公司在创业前期什么利益都没有就要分配,公司肯定也做不大。

直到有一天,作者通过网络查询,发现自己的丈夫在新公司的各种公开的信息中并没有体现,新公司是CEO一个人独资的,而且由于她丈夫之前从未签署过任何合伙人协议,和新公司只有雇佣合同,所以丈夫的处境特别被动。最终,作者丈夫与公司CEO在股权的事情上谈崩了,CEO似乎早就已经设计好了他可能问到的各种问题的答案,这一刻作者的丈夫心彻底凉了,他说他要重新找工作,虽然这个学费真的有点贵,2010年到2017年这7年的时光与青春也永远都回不来。

在实践当中,类似这个事件的故事很常见。在我们的日常生活中,建立信任的基础往往是凭借某人的道德品质,以及人与人关系的亲疏远近,而非通过协议与契约等法律文件,所以,这也导致了在实践中人们往往会觉得提出签一份合同是格局很小的体现。

但事实上，就如同这篇文章所讲述的故事一样，如果在创业伊始对公司的股权问题没有成文的书面协议进行约定，将会为创业者带来巨大的风险。因此，笔者认为，只有签好法律文件，创业者才能心无旁骛地去创业。

○法律文件的选择要“形与神俱”

公司的股权设计就如同一套缜密的计算机程序，一个程序不能指望用一条代码来解决所有问题，同样，股权设计并不能仅靠一份法律文件。对于不同事项，创业者需要匹配以不同的法律文件。例如，为了解决股权转让，需要匹配相应的股权转让协议；为解决公司治理的规则问题，需要匹配一份翔实的公司章程；为了解决股东之间的权利、义务分配，需要匹配相应的股东协议；为了解决股权代持的问题，需要签订相应的股权代持协议。而这些法律文件，就如同程序中的一条条代码，各司其职，如果没有使用正确，将会产生巨大的法律风险。

因此，在股权设计中，不但要签协议，还要签对协议，签好协议，这样才能真正做到股权设计的“形与神俱”。

1 股东协议与公司章程的“爱恨情仇”

股东协议和公司章程，可以说是目前公司股权设计所需要的最为重要的载体。对于这两种法律文件，很多创业者会问，股东之间签一个股东协议是否有效？什么情况下该签股东协议，什么情况下该签公司章程？股东协议和公司章程相互冲突该怎么办？实际上，就两者的效力而言，股东协议和公司章程对于股权设计和公司治理而言都是合法有效的法律文件，而下文也将就股东协议与公司章程之间的关系进行说明。

○股东协议及其应用场景

股东协议是指公司股东之间，就股权或公司治理等问题，根据所达成的一致意见而作出的具体协议。股东协议因其无须向工商行政管理部门备案,原则上只需全体股东同意即可,因此股东协议在订立的程序、订立的时间,以及其所约定的权利和义务上都具有一定的自主性和灵活性。正因为具有一定的灵活性,股东协议在有效解决复杂的公司治理问题的同时,节省了公司日常治理的时间成本,所以股东协议通常在以下方面的应用上具有天然的优势。

第一,满足公司股东个性化的动态需求。

随着公司的发展,公司的股权结构会不断发生变化,譬如老股东的退出、新股东的加盟,再如出资额的增减、出资方式的变更、出资资产的价值评估等。联系到股东利益上,对于这些问题的解决,如果仅依靠《公司法》、公司章程应对,显然是不够的。可以说,《公司法》、公司章程等都只能关注常态,而股东的个性化需求、应急管理及一些未雨绸缪的事宜则应当按照股东协议来处理。

第二,在公司投融资过程中平衡各方利益。

当公司进行投融资时,为了平衡投资者的利益,通常需要签订相关对赌条款,而这些条款的安排也大都体现于股东协议当中。因为根据我国司法实践中现有的相关的判例,投资人与公司签订的有关业绩补偿、股权回购条款无效,所以投资人为保障其利益,通常在签订相关投资协议的同时，需要和原股东签订股东协议以明确相关对赌条款，实现其投资利益的保证。

第三，关于股东退出机制的约定。

由于有限责任公司的退出机制在立法层面难以体现，所以，尽管有股东派生诉讼等手段可以保证中小股东利益，但并不能解决在出现公司僵局、大股东主导控制却不违法等情况下中小股东的利益诉求问题，譬如优先购买权及利润分配问题等。基于这些事项的复杂性及可能的秘密特性，公司章程并不能发挥多大作用，可以依靠的便是股东协议了。

○公司章程及其应用场景

公司章程是实现股权设计的另一载体。因为《公司法》对公司章程的内容及其法律效力、变更方式都有明确的规定，所以在制定章程的时间和程序上并没有股东协议那么灵活。而且，公司章程原则上需要去工商行政部门进行备案，而且公司的首份公司章程也是于工商登记后生效的。公司章程作为股权设计的载体之一，其在实现股东控制权上还有一些无可比拟的优势，如修改变更的方式。《公司法》规定，2/3以上表决权同意的即可修改公司章程。

这与股东协议的变更方式就不同，因为根据这种修改方式，大股东可以较好地实现自己的控制权而不会受到小股东的干预。而如果像股东协议那样需要经过全体股东一致同意方可进行变更的话，将会导致在修改股东协议的问题上，大小股东拥有同样的权利，不利于大股东控制权的实现。

《公司法》多处规定了公司章程在某些问题上可以另行约定，如有限责任公司的分红比例、表决比例，董事会与监事会的职权等，所以，对于问题的约定必须在公司章程中进行体现。

○公司章程与股东协议的关系

目前在司法实践当中，法院通常情况下会认为股东协议虽名为协议，但在主体上包括公司和全体股东，内容上属于公司章程的法定记载事项，效力上具有仅次于章程的最高效力，其法律性质应属对公司章程相关内容的具体解释，因此违反股东协议所作出的股东会决议，属于可撤销事由。由此我们可以看到，首先，股东协议是合法有效的；其次，股东协议所约定的内容不得违反公司章程；最后，股东协议在不与公司章程冲突的情况下，视为对公司章程的补充。

所以,为确保股东协议能有效地发挥作用,笔者建议可以采用以下操作:

第一,股东协议对关键事项进行约定后,要同步修改公司章程,避免股东协议所约定的内容与公司章程形成冲突。

第二,为保证股东协议与公司章程具有同等效力,签署主体上应为全体股东及公司,内容上可参考约定如下:“本协议作为解释公司股东之间权利和义务的依据,长期有效,除非各方达成书面协议修改;本协议在不与公司章程明文冲突的情况下,视为对公司股东权利和义务的解释并具有最高法律效力。”或者还可约定:“公司决议的内容违反本协议约定的,公司股东有权请求人民法院撤销。”

第三,为保证股东协议的效力,避免产生争议,在公司的股权结构发生变化后,应当要求新股东及时签订补充协议认可股东协议的效力,或者由各方重新签署股东协议。

2 股权代持协议就一定见不得光吗

2017年，火遍大江南北的电视剧《人民的名义》中有这样一段剧情：大风服装厂在改制后，成为法定代表人蔡成功和员工共同持股的企业，其中员工的股权由工会代持。为了维持厂房经营，蔡成功每年都向银行贷款，用新贷还旧贷。由于新旧贷款之间有时间差，蔡成功就向山水集团借了5000万元作为“过桥款”，偿还银行贷款，并约定了高额的利息，借款期间是6天，并以大风服装厂的全部股权作为质押。

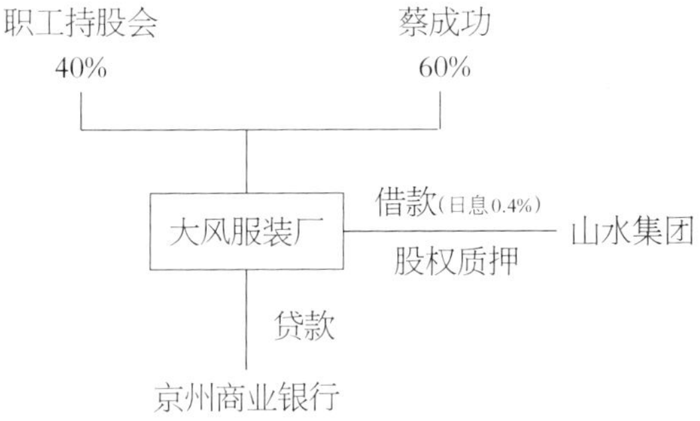

图8-1 大风服装厂股权代持及借贷款结构示意图

但是,新贷款没有被银行批准,大风服装厂无法偿还该笔借款,山水集团就起诉大风服装厂要求偿还借款,并将大风服装厂的股权转让给山水集团。而且,山水集团和蔡成功还签订了一个《补充协议》,山水集团不负责解决大风服装厂1300名职工的安置问题。此后改造高档小区,山水集团要对大风服装厂进行强制拆迁,这引起了大风服装厂员工们的"护厂运动"……

笔者在平时与客户沟通的过程中,最常听到的问题就是,股权代持协议是否有效。的确,股权代持在公司日常经营管理过程中应用得很多,但是因此而引起的股权纠纷也非常之多。

○股权代持协议的效力问题

关于股权代持协议的效力,《最高人民法院关于适用〈中华人民共和国公司法〉若干问题的规定(三)》作了明确规定,依据《最高人民法院关于适用〈中华人民共和国公司法〉若干问题的规定(三)》第二十五条,有限责任公司的实际出资人与名义出资人订立合同,也就是我们俗称的股权代持协议,“如无合同法第五十二条规定的情形”,应当认定该合同有效。

而这里所指的“合同法第五十二条”所约定的无效情形主要有五种:“(一)一方以欺诈、胁迫的手段订立合同,损害国家利益;(二)恶意串通,损害国家、集体或者第三人利益;(三)以合法形式掩盖非法目的;(四)损害社会公共利益;(五)违反法律、行政法规的强制性规定。”那么,在创业的过程中,可在哪些情况下签订股权代持协议,让我们一起来看看吧。

股权代持协议无效,其最常见的情形就是前述的第五种情况,即违反法律、行政法规的强制性规定。如依据《保险公司股权管理办法》第三十一条,任何单位或个人不得委托他人或接受他人委托持有保险公司的股权。之所以在法律上有这样的安排,是因为政府主管部门认为股权代持这种行为，将会实质性地对金融秩序和社会稳定形成危害，进而会损害社会公共利益。因此，如果和保险公司股东签订股权代持协议，那么很明显就违反了行政法规的强制性规定，应属无效。

同样，《首次公开发行股票并上市管理办法》第十三条规定："发行人的股权清晰，控股股东和受控股股东、实际控制人支配的股东持有的发行人股份不存在重大权属纠纷。"《中华人民共和国证券法》第六十三条规定："发行人、上市公司依法披露的信息，必须真实、准确、完整，不得有虚假记载、误导性陈述或者重大遗漏。"由此可见，上市公司发行人必须真实，并不允许发行过程中隐匿真实股东，否则公司股票不得上市发行。通俗来说，如果代持上市公司股权，也是违反法律法规的强制性规范，应属无效。

○股权代持风险中隐名股东的风险

一般情况下，合法订立的股权代持既然有效，那么股权代持为什么容易引起股权纠纷呢？其实，股权代持对于隐名股东而言，主要存在如下几项风险：

第一，名义股东的道德风险。

目前公司在工商行政管理部门所登记的股东信息是公开的，人们非常容易通过工商系统或第三方软件进行查询。而股权代持协议却具有很强的隐蔽性，通常情况下，除了代持协议双方当事人外，对股权代持情况知晓的人往往不多。在第三人无法得知真实的股权情况下，对工商行政管理部门所登记的信息产生信赖，进而为第三人同名义股东进行股权转让、质押或其他处分方式提供了机会。依据《最高人民法院关于适用〈中华人民共和国公司法〉若干问题的规定(三)》第二十五条“名义股东将登记于其名下的股权转让、质押或者以其他方式处分，实际出资人以其对于股权享有实际权利为由，请求认定处分股权行为无效的，人民法院可以参照物权法第一百零八条的规定处理”，如果名义股东违约向第三人处分或质押这些代持股权，且第三人为善意，即不知晓股权系代持，那么隐名股东将因无法对抗善意第三人而遭受损失。

第二，名义股东的债务风险。

如果名义股东对外存在到期债务未清偿，那么其名下所登记的股权也会存在被债权人通过法院进行保全，甚至是拍卖处理的风险。

同样，如果名义股东离婚或死亡，其代持的股权或被认定为夫妻共同财产或者遗产，从而由其配偶分割或被其继承人继承，这也将为隐名股东带来实际损失。

第三，隐名股东对公司失控的风险。

在股权代持模式下，隐名股东需借助名义股东的身份方能实际行使股东权利，但某些情况下，如名义股东不听从隐名股东的安排而擅自行使股东权利时，隐名股东将无法依照自身意志实现对公司的控制。此外，隐名股东向公司出资，最终目的为取得投资收益，但在股权代持模式中，或存在名义股东拒不将所得收益交付给隐名股东的情况，此时，隐名股东存在无法取得投资收益的风险。

第四，隐名股东无法显名的风险。

《最高人民法院关于适用〈中华人民共和国公司法〉若干问题的规定(三)》第二十四条规定："实际出资人未经公司其他股东半数以上同意，请求公司变更股东、签发出资证明书、记载于股东名册、记载于公司章程并办理公司登记机关登记的，人民法院不予支持。"据此，隐名股东若要显名化，必须经公司其他股东半数以上同意，这是基于有限责任公司人合性的考虑。然而在某些情况下，隐名股东显名化的路径并不畅通，如隐名股东采取受让股权方式显名时，或存在公司其他股东因不知晓、不认可股权代持而不同意股权转让或行使优先购买权等障碍。

○股权代持风险中名义股东的风险

在股权代持中，对于名义股东而言，同样也存在一定的风险，具体表现如下：

第一，名义股东承担瑕疵出资的风险。

依据《最高人民法院关于适用〈中华人民共和国公司法〉若干问题的规定（三）》第二十七条，公司债权人以登记于公司登记机关的股东未履行出资义务为由，请求其对公司债务不能清偿的部分在未出资本息范围内承担补充赔偿责任，股东以其仅为名义股东而非实际出资人为由进行抗辩的，人民法院不予支持。

据此，若隐名股东未履行出资义务，该风险将由名义股东承担。虽名义股东可向隐名股东追偿，但不免将增加相应的成本。

第二，名义股东需承担或然税务风险。

在股权代持的情况下，工商行政管理部门所登记的股东信息为名义股东，因此，对于股权转让及企业利润分红所产生的相关税收，缴税主体为该名义股东，如果隐名股东不愿承担相关税收，税务风险将由名义股东承担。

○破局之道

针对股权代持中隐名股东的股权代持风险防范，主要可以通过以下方式进行。

第一，要求公司出具并保存出资证明，并使多数股东知晓股权代持事实。

隐名股东在进行股东资格确认的过程中，首先需证明其为实际出资人，而由于缺乏直接的打款证据，仅凭股权代持协议往往无法达到该目的。在目前的司法实践中，人民法院多以出资证明或以出资证明结合股权代持协议等其他证据材料作为认定存在股权代持事实的依据。因此，隐名股东在股权代持过程中要妥善保管公司所出具的出资证明，这对隐名股东的身份认定至关重要。

根据上文介绍，依据《最高人民法院关于适用〈中华人民共和国公司法〉若干问题的规定（三）》，在确认存在股权代持及出资的前提下，隐名股东想要真正显名还需经过公司其他股东半数以上同意。因此，在代持过程中使多数股东知晓该事实，将增加其他股东认可隐名股东的概率，有助于隐名股东实现显名的目的，常见的方式如要求公司股东会作出相关股东会决议，承认股权代持的事实；或者隐瞒股东身份，但积极参与公司管理及日常经营活动，并留存相关证据。

第二，利用股权代持协议制约名义股东。

股权代持协议是股权代持的依据。考虑到法律上确认实际出资人股东资格的严格性，草拟并签订一份优质而全面的股权代持协议，对于股权代持双方都尤为重要。一般情况下，股权代持协议内容应包括但不限于代持期限、股东权利行使、股东权益分配、股权处分、代持解除与终止、转代持、代持人承诺与授权、利害关系人（代持人配偶、其他股东）承诺等。隐名股东可在股权代持协议中明确如名义股东需取得隐名股东书面同意方可处分代持股权、行使股东权利，名义股东应于公司分配利润后在固定期限内全额转交给隐名股东等内容，同时针对名义股东违反前述义务情形设置较高的违约责任，以保障隐名股东权益。

此外，隐名股东还可在股权代持协议中明确代持股权不属于名义出资人财产等内容，以降低代持股权被采取强制执行、被分割或继承的风险。但因合同的相对性，该类内容仅可约束名义股东，而无法对善意第三人或名义股东配偶、继承人产生效力。因此，股权代持协议中可进一步明确，若名义股东出现影响股权代持协议履行、代持股权安全性等客观情况时，应及时向隐名股东报告并向相关第三人披露，由隐名股东决定采取办理股权转让、工商变更登记或其他保护措施。

第三，由名义股东配偶出具承诺函。

鉴于在工商登记信息中，代持股权属于名义股东名下财产，为有效地防止代持股权在名义股东离婚时被其配偶分割，隐名股东可事先要求名义股东配偶出具书面承诺，作为股权代持协议附件，用以证明名义股东配偶对名义股东代持股权的事实是知晓的事实，并认可该代持股权不属于名义股东或夫妻共同财产，在婚姻关系解除时不对代持股权主张权利。

第四，隐名股东同名义股东提前签订股权转让协议。

为避免名义股东在隐名股东终止股权代持关系时拒不配合办理股权转让事宜的风险，隐名股东可事先与名义股东签订股权转让协议等文件，为其收回股权、显名化提供方便。

针对股权代持中名义股东的股权代持风险防范，主要可以通过以下方式进行。

第一，确保隐名股东足额按时实缴出资。

名义股东在确定代为持有股权时，可要求隐名股东确保按照章程约定向公司缴纳出资，以避免因隐名股东逾期缴纳出资而对名义股东产生的影响。笔者建议同时在代持协议中与隐名股东约定，若名义股东因隐名股东未履行出资行为而受到损失的，隐名股东应赔偿其实际损失，赔偿范围包括向债务人承担补充赔偿责任的款项、诉讼费、律师费等实现追偿的费用等。

第二，关于税收费用问题。

上文中笔者提到，作为工商登记的主体，名义股东对相关利润分配、股权转让所产生的相关税收具有缴纳义务。因此，关于税收费用的支付问题，名义股东可与隐名股东在代持协议中约定，相关税收费用由隐名股东承担，且名义股东有权在相关款项中先予扣除的内容。

3 股东会决议——最熟悉的“陌生人”

只要公司召开股东会并形成最终意见，就会形成一份股东会决议，因此股东会决议是每一家创业企业接触最多的法律文件。但是笔者在和客户沟通时发现，有很多创业公司其实并不会开股东会，或者所做的股东会决议有一定瑕疵，甚至是不成立乃至无效的。因此，笔者认为，股东会决议是公司最熟悉的“陌生人”。

第八章

形神分离——专业配套协议缺位

【案例】

股东会决议并不简单[①]

2012年,京献公司与爱迪公司共同成立爱迪讯公司,其中京献公司以货币形式出资持股34%,爱迪公司以专利技术出资持股66%。2016年12月5日,京献公司收到爱迪讯公司的“董事会会议通知”,通知其于同年12月7日召开董事会,审议的议题为“召开公司临时股东会会议”,拟就“某专利使用需经股东会过半数有表决权的股东通过同意”进行审议。京献公司随即提出异议,但未被采纳。12月23日,爱迪讯公司称公司董事长袁某因故未能主持会议,改由公司董事蔡某主持召开股东会,京献公司出席并对主持一事提出异议,但议题仍获通过并形成决议。由此,京献公司以股东会主持和决议的表决方式违反公司章程为由,向法院起诉请求撤销决议。

一审法院经审理后认为,涉案决议的事项属于股东会职权,该决议并未违反《公司法》及爱迪讯公司章程中关于股东会和董事会

① 资料来源:中国法院网,https://www.chinacourt.org/article/detail/2018/01/id/3183829.shtml。

职权分工的规定。并且涉案股东会虽然并非由爱迪讯董事长袁某亲自主持，但其已委托公司董事蔡某主持。爱迪讯公司章程并未规定第一顺位的董事长因故无法主持时必须由下一顺位人员主持而不得委托他人主持股东会，遂判决驳回京献公司的诉请。京献公司不服，上诉至上海市第一中级人民法院。

京献公司在上诉时称，涉案决议事项属于公司章程规定范畴，应通过修改章程的形式且全体股东一致同意才能通过，并且股东会的主持程序也违反了公司章程，该决议的通过损害了京献公司的股东利益，请求依法撤销一审判决。

上海市第一中级人民院经审理后认为，本案的争议焦点在于，该公司决议的实体内容和形成程序是否符合爱迪讯公司的章程及法律规定。在实体内容上，该决议的目的在于，在公司章程原有的基础上，针对某特定事项增加一项新的议事方式和表决程序，这属于修改公司章程的范畴。而爱迪讯公司章程第十七条规定，修改公司章程须经全体股东一致同意。本案中股东会决议的表决机制实际仍然采用的是“多数决”原则，显然违反了公司章程。

在形成程序上，爱迪讯公司时任董事长袁某因故未能主持股东会，而是由爱迪讯公司董事同时也是爱迪公司法定代表人蔡某出席主持，且会议纪要并未明确董事长袁某不能履行或者不履行职责的法定理由，也未出示有效的书面委托文件，在程序上也存在瑕疵。

对于公司决议撤销与否，法院认为，当一项股东会决议设定了公司章程并未确立的适用规则时，其实质是对某特定事项在章程中增加新的议事方式和表决程序，这属于修改公司章程的范畴，其表决程序也应遵循特别的程序，如果仍以决议的表面文义定性，会出现以普通决议躲避公司章程修改的结果。因此，在一项股东会决议兼具实体要素与程序要素时，法院的审查范围不能局限于某一部分，而是需要从系统、整体的角度进行综合审查。

○破局之道

其实一份股东会决议作出后，会出现4种状态，分别是有效、无效、可撤销和不成立。在探究股东会决议的效力到底如何前，我们先来看看一份有效的股东会决议需要满足哪些条件。

第一，召集程序合法。

关于股东会的召集程序，我国《公司法》奉行股东会的召集法定主义，也就是说股东会的召集程序必须符合《公司法》的规定。

我国《公司法》对于股东会的召集程序是如何规定的呢?

我国《公司法》区分了首次股东会和非首次股东会两种不同的召集程序。针对公司召开的第一次股东会,《公司法》第三十八条规定:“首次股东会会议由出资最多的股东召集和主持,依照本法规定行使职权。”而之后的股东会召集依据《公司法》第四十条:“有限责任公司设立董事会的,股东会会议由董事会召集,董事长主持;董事长不能履行职务或者不履行职务的,由副董事长主持;副董事长不能履行职务或者不履行职务的,由半数以上董事共同推举一名董事主持。有限责任公司不设董事会的,股东会会议由执行董事召集和主持。董事会或者执行董事不能履行或者不履行召集股东会会议职责的,由监事会或者不设监事会的公司的监事召集和主持;监事会或者监事不召集和主持的,代表十分之一以上表决权的股东可以自行召集和主持。”

由此可见,除第一次召集程序外,《公司法》明确规定董事会和执行董事为股东会唯一合法的召集人,仅在其不作为的情况下,方存在监事会或股东自行召集之可能。未经召集权人召集而召开的顶多是股东的集会,形成的决议与股东会决议形式上虽具有相似性,但二者实质上的法律意义是完全不同的。

第二，通知程序合法。

《公司法》第四十一条规定："召开股东会会议，应当于会议召开十五日前通知全体股东；但是，公司章程另有规定或者全体股东另有约定的除外。"因此，股东会的顺利召开除了要满足法定的召集程序外，还要满足法定或约定的通知程序。

而股东会的通知要求通知到全体股东，《公司法》虽然对这一内容并未明确约定，但参照《上市公司章程指引（2016年修订）》，一般来说，股东会的通知通常要求具备以下内容：会议的时间、地点和会议期限，提交会议审议的事项和提案，会务常设联系人姓名、电话号码等内容，并明确提醒全体股东均有权自行或委托代理人参加。

第三，出席人数或所持表决权符合法定或约定要求。

虽然《公司法》并未明确约定股东会召开的最低出席人数要求，但是根据股东会决议的表决权要求，如果公司股东会要作出一份有效的股东会决议，其出席的股东人数所代表的表决权比例，必须要高于决议要求的表决比例，否则其召集程序必然存在瑕疵。

第四，决议的内容合法有效。

股东会决议是股东依照法律规定或者公司章程约定履行表决

程序而形成的，因此股东会决议的内容必须满足《公司法》及公司章程规定或约定的通过比例，且决议的内容不得违反法律规定或公司章程约定，不得损害第三人的利益。

如果一份股东会决议从股东会的召集、通知、出席、表决都符合以上要求，那么这份股东会决议就是合法有效的。

看到这里，你或许会纳闷了，如果公司只有两三个股东，公司规模也很小，是否每次开股东会都要遵守这些繁复的程序呢？如果是这样，那效率实在是太低了。针对这个问题，《公司法》也作出了特殊的安排。《公司法》第三十七条规定，对于股东会职权内的事项，“全体股东以书面形式一致表示同意的，可以不召开股东会会议，直接作出决定，并由全体股东在决定文件上签名、盖章”。

所以，如果公司股东会决议在程序上违反法律、法规规定或公司章程约定，或者在内容上违反公司章程的约定，股东可以起诉请求撤销该决议。如果公司股东会决议违反法律、法规规定，那么依据《最高人民法院关于适用〈中华人民共和国公司法〉若干问题的规定(四)》的相关规定，公司股东、董事、监事等均可以起诉请求确认股东会决议无效。如果公司未召开会议的，会议未对决议事项进行表决的，出席会议的人数或者股东所持表决权不符合《公司法》或者公司章程规定的，会议的表决结果未达到《公司法》或者公司章程规定的通过比例的等导致决议不成立的其他情形，同样依据《最高人民法院关于适用〈中华人民共和国公司法〉若干问题的规定(四)》的相关规定，公司股东、董事、监事等决议的利害关系人均可以起诉要求法院确认股东会决议不成立。

由此可见，想要作出一份合法有效的股东会决议，还是有许多条件的，稍不注意就会导致股东会决议可撤销、不成立甚至是无效。

4 股权设计的法律文件——系统工程

股权设计是一项系统工程，需要针对不同的问题配套不同的法律文件，以实现规则与其表现文本的统一。但是，在实践当中，笔者发现，绝大多数的企业并未建立这样的配套文件体系，对于股东的权利与义务、公司的治理，通常只有一份工商部门提供的章程格式文本。

以杭州地区为例，工商部门所提供的格式文本只有30条左右的内容，文本的总字数大约在3000字。我们知道国际足联对于一场90分钟的足球比赛，就有超过25000字的比赛规则。规则里对足球比赛从场地规格及布置，比赛用球的尺寸、重量、气压，再到比赛规则，裁判的权限，处罚规则及后果等都有极其详细的约定。

笔者认为,公司股权设计的本质是通过一连串的合同实现公司控制权和利益平衡的游戏。公司的运作远比一场足球比赛复杂,且公司经营的时间也远远长于一场90分钟的足球比赛,在公司经营的数十年甚至是上百年的时间里,会出现的突发状况也远远多过一场足球比赛。

公司运作规则的落实需要相应的法律文件作为载体,这些法律文件就如同足球比赛规则一样,应对股东、股东权利的范围及行使规则、公司的机构及其职责与运行规则、违约责任与纠纷解决等问题都进行详细的约定。一场足球比赛的规则需要一份超过25000字的比赛规则,而如果一家公司想要长治久安,当然更需要通过一系列的法律文本来实现,而不仅仅是一份只有千余字的工商登记章程。

表8-1 股权设计中常见的法律文本

法律文本	解决问题
《股权设计方案》（或其他名称的股东协议）	用于解决股东之间的权利义务关系，对股东之间关于出资、权利行使、表决、分红、退出、股权回购等问题进行约定
《公司章程》	用于解决公司内部组织机构设置，内部关系处理，股东权利行使、责任承担和部分高管的权利义务的基本规则和依据
《股东会关于通过股权设计方案的决议》	用于解决股权设计方案或其他股东协议的合法性的问题
《股东会关于通过公司章程的决议》	用于解决章程修正案合法性的问题
《股权转让协议》	用于解决股权转让的相关问题
《增资协议》	用于解决公司增资的相关问题
《股权代持协议》	用于解决股权代持的相关问题
《解除股权代持协议》	用于解决股权代持关系解除的相关问题
《持股平台合伙协议》	用于解决有限合伙持股平台合伙人之间的权利义务关系
《合伙人入伙协议》	用于解决有限合伙持股平台合伙人的入伙问题
《合伙财产份额转让协议》	用于解决有限合伙持股平台合伙人调整的问题

续 表

法律文本	解决问题
《合伙人退伙协议》	用于解决有限合伙持股平台合伙人退伙的问题
《合伙人决议》	用于有限合伙持股平台的日常决策
《股东会会议通知》	股东会召开的必备文件
《股东会决议》	用于董事会的日常决策
《股东会会议记录》	用于记录股东会会议召开的过程
《董事会会议通知》	董事会召开的必备文件
《董事会决议》	用于董事会的日常决策
《董事会会议记录》	用于记录董事会会议召开的过程
《监事会会议通知》	监事会召开的必备文件
《监事会决议》	用于监事会的日常决策
《监事会会议记录》	用于记录监事会会议召开的过程

第九章

刻舟求剑——动态调整机制缺位

《吕氏春秋·察今》中记载楚人有涉江者，其剑自舟中坠于水，遽契其舟，曰："是吾剑之所从坠。"舟止，从其所契者入水求之……这个故事说的是宝剑从船上掉入河中，楚人在船上刻个记号便于打捞宝剑，原本并无错，可是他忽略了船在移动的事实。这个故事是对那些思想僵化、墨守成规、看不到事物发展变化的人的一个讽刺。它告诉我们办事不能只凭主观意愿，不能想当然，要根据客观情况的变化而灵活处理。这个楚国人被人们谈论到了今天，这是他的幸运呢，还是他的不幸？至少，知道这个故事的我们是幸运的。股权设计也是一个动态的过程，今时今日的股权结构必将随着企业的发展、股东的成长而进行科学、合理的动态调整。若企业股权设计中的动态调整机制缺位，则无异于忽略企业的发展，如同刻舟求剑。

第九章

刻舟求剑——动态调整机制缺位

常常有客户来做咨询，先介绍他们公司的股权结构，接着问这样的结构是否合理。通常来说，不管这个结构合理与否，我们首先要关注这个股权结构背后的权利和义务。当然还有一个问题，股权结构现在是合理的，并不代表以后也是合理的，或者现在是不合理的，并不代表以后依旧不合理。因此，不管公司的股权结构是否合理，关键要看是否存在股权的动态调整机制。

笔者在给企业客户做培训服务的过程中，发现大量客户在股权架构的设计上都普遍提出了一个需求——股权的动态调整。之所以普遍，是因为企业目前对资源、技术、人才的需求在一定程度上超过对资金的需求,而这些因素又是股东作为与其他创业合伙人合作的前提条件。但《公司法》并没有囊括企业客户关注的这些具有人身依附性的因素,于是在实践中很容易出现由于资源不到位、人才流失等引发的股东内部矛盾,致使公司分崩离析。

关于资源不到位的问题举个例子。一位股东在入股公司时承诺将为公司带来大量的市场客户资源,为公司拓展营销渠道,可是在公司实际运营中该股东却不管不顾,做起了甩手掌柜,导致公司在对外营销上耗费了大量的成本,但因为没有提前设计股权的调整约束机制,且由于他并未损害公司利益,只是未兑现自己对公司的承诺,其他股东苦于没有相关的法律根据来约束该股东。还有一些现象,比如股东的成长能力已经远远跟不上企业的发展速度,最经典的就是海底捞的案例,在这个案例中就是通过股权的动态调整,最终实现了公司的可持续经营,这也正是同真功夫案例的不同之处。

一句话概括股权动态调整设计的本质,就是实现股权价值与股东出资要素的匹配度。在股东以法定出资财产出资入股的情况下因为附带了很多人身性的条件,那么我们就要通过股权的动态调整机制把这些附带人身性的出资条件和股权价值互相匹配。当出现预设的股权调整情形时,就对股权进行增量调整或减量调整。

在动态调整机制中,还需要把握一个核心原则——“铁三角原则”,即分配的公平化、调整的人性化、规则的契约化。其中,又要重点把握规则性,从调整规则的细化、量化及在股东之间建立协商讨论机制这两个关键点出发来把握实际操作。

1 股权动态调整的三个根本原因

股权方案设计是一种规则的制订，因此无论在方案制订时考虑到未来多少年的发展情况，都具有一定的滞后性。不管是创始人之间的股权设计还是股权激励，甚至是投融资股权设计，都难以一劳永逸，做到股权比例与各自的价值和贡献相一致，所以在方案制订时要考虑到股权的动态调整，兼顾公平和效率。国务院国有资产监督管理委员会、中华人民共和国财政部、中国证券监督管理委员会于2016年8月联合颁布的国资发改革〔2016〕133号《关于国有控股混合所有制企业开展员工持股试点的意见》中明确，员工持股方案应对持股员工条件、持股比例、入股价格、出资方式、持股方式、股权分红、股权管理、股权流转及员工岗位变动调整股权等操作细节作出具体规定，并将动态调整作为国有企业改革员工持股的原则之一。该意见规定要坚持股权的动态调整，建立健全股权内部流转和退出机制，避免持股固化僵化，由此可见动态调整的重要性。具体而言，股权动态调整的根本原因主要体现在以下3个方面。

○应对目前出资多元化趋势的需要

随着社会经济的发展，股东的出资形式趋于多元化。股东不仅以货币和可用货币估价且可以依法转让的非货币财产作价出资，还会以市场资源、人力资源、信息资源等具有人身依附性的企业资源作价入股。

企业资源可以根据不同标准划分多个类别，但就是否可作为股东出资财产而言，企业资源分为2类：一类是依法可作为股东出资财产的资源；另一类是依法不能作为股东出资财产的资源，主要包括人力资源、信息资源、技术资源、品牌资源和文化资源等。关于该类资源，其对企业的重要性主要通过以下2个层面来论证。

其一，根据我国《公司法》第二十八条、第三十条及相关司法解释，对于以货币财产出资的股东，若出资不实则应当向公司足额缴纳出资,并向已按期足额缴纳出资的其他股东承担违约责任;对于以非货币财产出资的股东,若发现出资的非货币财产的实际价额显著低于公司章程所定价额,应当由交付该出资的股东补足其差额,并向已按期足额缴纳出资的其他股东承担违约责任。公司债权人请求未履行或者未全面履行出资义务的股东在未出资本息范围内对公司债务不能清偿的部分承担补充赔偿责任的,人民法院应予支持。而对于以非货币财产出资的,应当办理财产权转移手续。我们可以发现,我国法律对于股东出资不到位的情形作了惩处规定,但对于不能作为股东出资财产的企业资源的不到位情形仍留有法律空白。于是实务中出现了大量股东在入股之前承诺对接相关资源,可事后却并未使得资源定期到位的情形。因此,对该类企业资源的到位情况进行相应的股权调整,便显得尤为重要。

其二,光谈法律空白还不够,不能作为股东出资财产的资源,似乎由于其没有明显的物质载体而看似无形,但它们成为支撑企业发展的基础。当今社会对企业而言,能带来无可比拟的独特优势。比如人力资本,作为股东的出资财产,其重要性不容小觑。关于人力资本的出资办法试点2006年在温州、2008年在上海浦东等地区就已经开展。自2017年1月1日起,广东自贸区横琴新区出台全国首部人力资源出资办法，鼓励企业家、创业者、管理人才、营销人才、技术人才以其自身知识、技能、经验出资入股。可见，对于未被纳入《公司法》规定的出资财产，也因其在实务中所显现的重要性而被允许评估作价入股。在实务中的一次培训课上，笔者对300余名创业者做过一个调查，让大家列举自己认为重要的挑选合伙人的标准，结果大家的说法都各不相同。在股权设计实战中亦是如此，每家公司都有其不同的需求，需求是个性化、差异化的，但是在大家所列的答案中笔者发现，其中有80%的人所列的答案都集中于图9-1所示标准，而只有约20%的创业者的答案集中于图9-2所示标准。图9-2的要素是《公司法》第二十七条所规定的股东法定出资范围，而图9-1所列的这些标准和资源则是《公司法》没有规定且又是创业者在实践过程中最为关注的。所以，既然《公司法》没有规定，那么自然就需要在股权设计方案中对这些问题进行明确。否则一旦出现分歧，将无规则可循，轻则陷入僵局，重则对簿公堂。

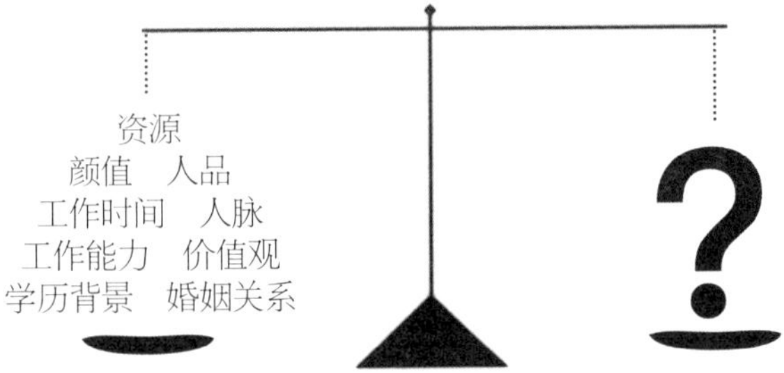

图9-1　真正关心的股东个人条件无法用货币衡量

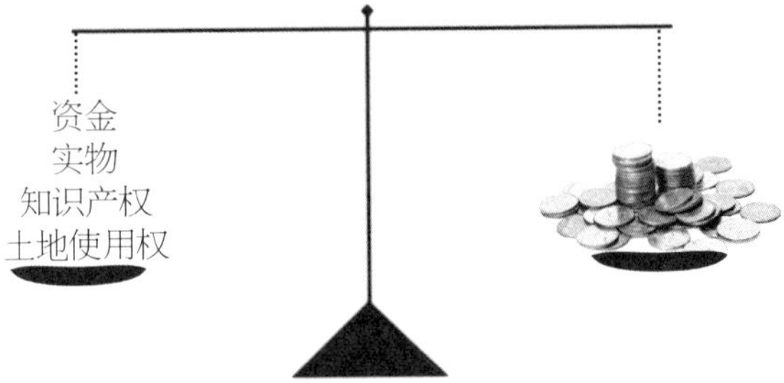

图9-2　法定出资方式标准为可以用货币衡量

☞小贴士

《公司法》第二十七条规定："股东可以用货币出资，也可以用实物、知识产权、土地使用权等可以用货币估价并可以依法转让的非货币财产作价出资；但是，法律、行政法规规定不得作为出资的财产除外。

“对作为出资的非货币财产应当评估作价，核实财产，不得高估或者低估作价。法律、行政法规对评估作价有规定的，从其规定。”

由此，对于《公司法》没有规定且又是创业者在实践过程中最为关注的企业资源，我们必须把握其对于企业的重要性，并在股权设计方案中进行细化规定。在以该类资源作为合作条件时，若对股权予以一次性分配，则未来在股东的资源到位的情况上存在不确定性的程度较高，因此，为了促进股权的公平、合理分配，需要提前设计股权的动态调整机制，以解决未来资源到位情况的不确定性。

○应对衡量股东贡献度的需要

在公司的经营过程中，衡量股东的贡献度绝不仅限于股东的出资体量，因为对于公司的经营发展而言，股东在各个层面都应当发挥自身的资源价值，而对于股东的贡献度势必要通过动态的衡量来体现它的价值增减。否则，股东在首次出资后就成了甩手掌柜，这绝不是社会希望看到的创业企业的发展局面。

如图9-3，随着时间的推移，股东A，B，C对于企业的投入贡献度也在发生变化。在2016年5月1日，股东A投入贡献度为50，股东B投入贡献度为80，股东C投入贡献度为20，此时3人的贡献度比例为50∶80∶20，3人的股权比例为33.33%∶53.33%∶13.33%。随着企业的不断发展，股东B对于当初入股企业时作出的会为公司带来大量市场资源的承诺并未兑现，而且其提供的资源也难以让企业真正打开市场，因此股东B的贡献度有所下降。而股东C利用他的管理能力及管理经验，为公司在组织架构及人才引进方面作出了突出贡献，因此股东C对企业的贡献度持续上升。到了2017年5月1日，股东A，B，C对公司的贡献度比例为50∶20∶120，3人的股权比例对应为26.32%∶10.53%∶63.16%。

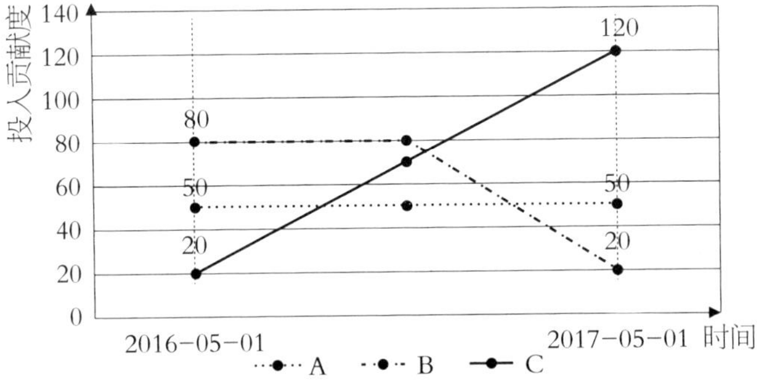

图9-3　股东对企业的投入贡献度变化

股权不同于其他企业资源可以不断地复制叠加，它不能在原有的基础之外增加比例，只能在其内部进行不同结构的比例调整，这是由其不可替代性所决定的。100家企业就有100种不同的股权架构，其作为企业发展的顶层设计，意义不容小觑。企业在成长，股东也会跟着企业一起成长，由于股东在企业的发展过程中或许会为企业拉动某方面的助力需求，所以对于股权设计方案中的股权分配条款，不能仅仅关注该股东在企业成立之初为企业带来了什么，更应当聚焦于该股东在企业未来发展的几年中将为企业创造怎样的成绩，提供多大的价值。特别是在股权激励中，对于给予激励对象的股权数量的确定，很大程度上取决于对激励对象的未来价值的评判，在这种情况下就需要对股权作出一定的动态调整，以实现未来价值与现实价值的相互匹配。

○应对企业在不同时期对于人才需求的需要

企业与人一样，亦存在生命周期。企业从诞生之日起，一般将历经初创期、成长期、成熟期，若是经营不善还可能走入衰退期。而企业在不同发展时期，对于人才的需求亦有所不同。

初创期企业应注重培育技术型合伙人。对于处在初创阶段的企业,核心技术与产品的研发是最重要的工作,能否形成具有市场潜力的商品也成为这一阶段企业所面对的主要难题。企业到了成长期,已经初步形成了较为稳定的核心产品和较为完善的商业模式,企业领导人由“业务员”向“管理员”转型,个人作用开始弱化,更多地担当起领导者和管理者的角色,因此强调合伙人中的管理能力。等到企业发展至成熟期,企业资产达到一定规模后将保持相对稳定,资产结构趋于科学合理,但对于如何盘活一定规模的资产体量,如何在集团公司之间实现资源的合理有效配置等问题,合伙人的战略定位尤为重要,谁有更好的发展战略规划,谁才有可能带领企业继续发展强大。若是企业进入衰退期,企业管理的各个方面都可能出现了问题,需要对企业的经营战略进行重新审视,对企业的宏观环境、行业结构、资产结构等进行反省分析,在这一阶段企业对于合伙人的创新能力尤为看中,只有具备创新能力的合伙人,才能以新思路优化组织结构,有效解决企业的矛盾和问题。

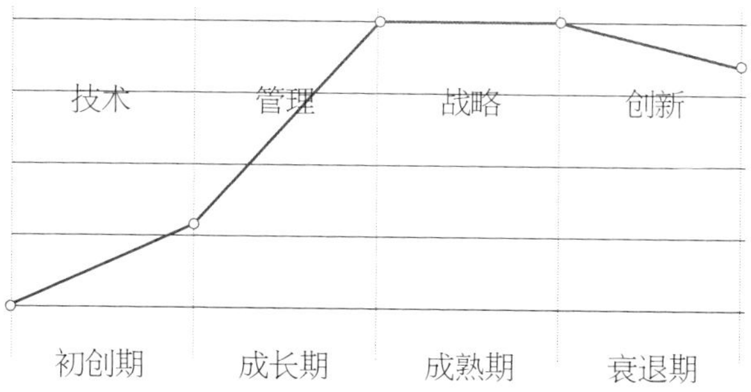

图9-4 企业在不同时期对于人才的不同需求

【案例】

"罗辑思维"——明星和经纪人分手的故事[①]

2012年12月21日,知名传媒人罗振宇、NTA传播创始人申音、资深互联网人吴声合作,打造了知识型视频脱口秀《罗辑思维》。3人的分工为:罗振宇是产品、社群和品牌的核心,申音负责日常运营服务,吴声出任总策划。"罗辑思维"由一款互联网视频产品,逐渐延伸为中国互联网知识社群第一品牌。活动、出书、会员"罗利"、社群征婚、霸王餐、头采茶、C2B定制等风风火火,一系列创新玩法让行业内外目瞪口呆。

① 资料来源:站长之家,http://www.chinaz.com/manage/2015/1023/460985.shtml。

“罗辑思维”曾被舆论推为最火的自媒体之一。2015年,“罗辑思维”视频在优酷上的总播放量已达7050多万次,微信公众号订阅数达110多万,最吸引眼球的则是2次会员招募,共有近3万会员贡献了近千万元会费收入,并有人给“罗辑思维”1亿美元的估值。

“罗辑思维”的运营公司是独立新媒(北京)信息科技有限公司(以下简称“独立新媒”)。根据工商信息资料,2012年该公司成立时有4位股东,其中申音持股55%,罗振宇仅作为小股东持股15%。随着公司的不断发展,公司发展为仅有申音和罗振宇2位股东,而申音依然占据公司的绝对控股地位。

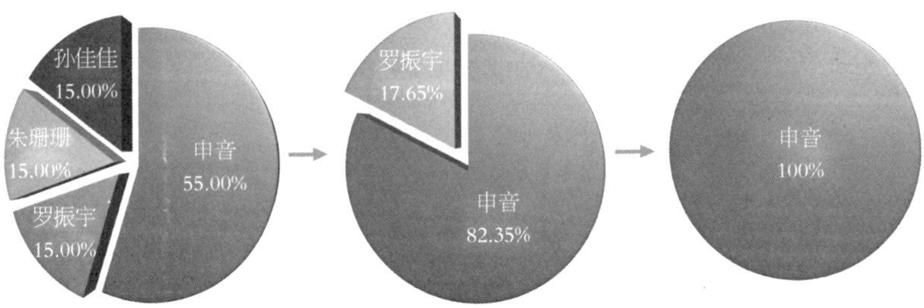

图9-5 独立新媒(北京)信息科技有限公司股权变更情况

2014年5月17日晚,独立新媒爆出“分手”宣言。5月18日凌晨3点多,申音连发2条微博;5月18日上午8:59,罗振宇只发了1

条微博。就这样,双方分道扬镳,正式宣布"罗辑思维"散伙。

"谢谢大家关心,罗辑思维是我和罗老师共同创建的独立新媒公司其中一个项目,因为大家支持团队努力,仅一年半就有200万微信用户,视频也有过亿人次观看。由于对未来发展方向各有想法,罗老师有意独自运营这个项目,诸多事宜我们仍在一一协商,一切都会以我们的用户和合作伙伴为重,一切都会有礼有信有量。

我们对于内容产业的未来仍然充满期待,我们坚信互联网可以帮助更多有趣有料的人脱颖而出,我们还会探索新的合作模式。只要初心没有改变,一切玩法可以重来,这场十年的互联网实验现在才刚刚展开。对罗辑思维也对自己说一句:好好做,莫着急。"

(申音发布的微博内容)

"当时张伟平和张艺谋闹分家,还在想张艺谋为什么一言不发。时过境迁才发现,**手艺人还是拿手艺说话**。其他都是扯。张导牛逼。————看电影《归来》有感。"

(罗振宇发布的微博内容)

图9-6　申音、罗振宇发布的微博内容

其实在独立新媒刚成立时,有人就当面和申音说你们这是"类经纪人模式",申音说"你一句话就说破了"。罗振宇与申音的合作,本来就像明星和经纪人的合作。其中,核心是明星,是承载"魅力人格"的那个人,粉丝追随的自然也是他。但从持股比例来看,罗振宇不过是为申音打工。股份结构的不合理预示了合伙人分道扬镳的结局。

不少人简单地将股权架构等同于持股比例,可实际上,股权架构是以股权比例为基础,通过公司股东会、董事会等机构的运作,通过股东表决权、分红权的综合设计形成的一个体系，它并非一成不变，因为社会在变、市场在变，股东对公司的贡献也在变。为了使公司的股权架构及发展模式能最优化地匹配市场需求，应当根据发展规律对股权采取动态调整。

罗振宇从央视辞职创业，本身自带资源。申音是创业家，亦深谙内容运营和传播之道。二人联合，当属“黄金搭档”。但就“罗辑思维”而言，罗振宇是台前明星，申音是幕后英雄。粉丝主要是冲着罗振宇去的，更是受到“罗辑思维”内容的吸引。在公司初期分配股权时，罗振宇绝对不会想到“罗辑思维”的野蛮疯长会创造如此巨大的价值，未来不可限量。否则，我们相信，罗振宇并不会同意当时的股权架构安排。

当公司发展规模壮大后，若是各位合伙人之间的股权架构未采取任何调整，比如让罗振宇始终以一个持股比例低于17.65%的角色付出他的精力，这不像是合伙，反而更像是打工，罗振宇心理失衡在所难免。在“罗辑思维”的发展中，相对而言，罗振宇的贡献大于申音，这应无争议。如果他们能采用股权动态调整机制，根据各自对公司发展的贡献大小，适时调整持股比例，或许，他们还能继续合作下去。

申音在《“罗辑思维”的五个教训》中说：“‘罗辑思维’开始是一个明星和一个经纪人的模式……它有很多的问题……明星和经纪人互相抛弃的现象很常见——如果明星不够努力，会被经纪人抛弃；如果明星太努力，会把经纪人抛弃。”

罗振宇在离开独立新媒后，于2014年6月17日成立了北京思维造物信息科技有限公司，该公司目前经多轮融资，2017年利润过亿。再看该公司的股权结构情况，显然已经在总结上一次经验的基础上进行了系统的架构设计。

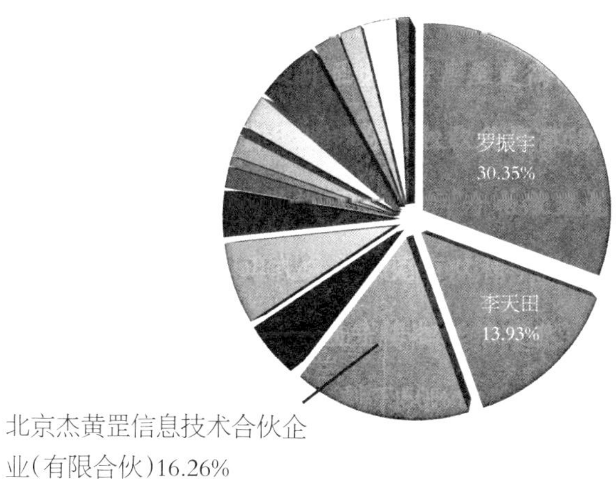

图9-7　北京思维造物信息科技有限公司股权结构

2 股权动态调整的两条基本路径

股权动态调整的两条基本路径从增量及减量的角度予以实现,在这两个角度中亦存在多种调整形式,不同的调整形式各有利弊。

○股权增量调整

以增量的形式来实现股权的动态调整,因不涉及股东的“既得利益”,所以总体较减量的调整形式而言,更易于被其他股东接受。根据增量股权的来源,这种增量调整方式可以细分为以股权转让的形式实现对目标股东股权的增加和以定向增资的方式实现对目标股东股权的增加。

(1)以股权转让的形式实现对目标股东股权的增加

以股权转让的形式实现对目标股东股权的增加,指的是大股东将自己事先预留的股权附条件地赠与或转让给达成相应目标的股东或激励对象。根据《公司法》第七十一条,在股东之间,若无特殊约定,股东内部转让股权无须经过其他股东的同意,因此这种调整形式的可操作性较强,程序上也更为灵活简便。但是,由于调整股权的来源为大股东所持有的股权,如此前未做相应的股权预留,将会影响大股东控制权的实现。

【实务案例】

北京某科技有限公司主要负责电子产品的供销业务,公司刚刚起步,一定要在销售上面下足功夫,打开市场。公司在成立之初有白某、赵某、王某3位合伙人,分别持股70%:15%:15%,其中白某代持的20%的股权由3人约定作为预留部分,以1年为调整周期,根据赵某及王某2人分销量的高低来决定白某向谁转让该20%的股权。当然,若是2人在这1年中均未达到基本的分销量,则该20%的股权确认由白某实际享有。

(2)以定向增资的方式实现对目标股东股权的增加

类似于股权的附条件赠与或转让,股权的定向增资也是以增量的方式对股权进行动态调整,但是其实现的途径并非存量转让,而是以增资扩股的形式得以实现。除了考虑对未达成目标的股东或激励对象关于增资的认购权予以附条件地限制之外,我们更推荐以下这种定向增资的方式——如果公司在经营过程中有相应的可分配利润,而且股东或激励对象在达成相应的目标之后有望使公司的利润得到提升,那么可以在此后几个年度中,将利润中的增长超额部分或全部利润合理地分配给这些人员。而分配给这些人员的利润由其用于转增公司的注册资本。如此操作,将会使未达到相关考核标准的股东或激励对象所占的股权比例因为注册资本金的增加而予以相应的稀释,从而实现股权的动态调整。

值得一提的是,虽然以定向增资的方式对股权进行动态调整对于大股东的控制权影响较小,但根据《公司法》第四十三条,公司增资“必须经过股东会三分之二以上表决权的股东通过”。因此,这种动态调整的实现方式在程序上较为复杂,且因需要经过股东会三分之二以上表决权的股东同意才可通过,变数较大。

【实务案例】

上海某网络有限公司主要负责社交平台网站的运营与管理，在公司实施股权激励时约定，各激励对象在被授予股权之日起2年内若均能达成公司的激励考核指标，则公司将在第3年将可分配利润中的80%用于给各激励对象分红。当激励对象完成考核指标的半数时，激励对象的持股平台将进行增资，达标的激励对象可认购新增资本以提高持股份额。

○股权减量调整

(1)以股东回购的方式实现对目标股东股权的减少

与以上的方式都不同，以减量的方式实现股权的动态调整，即由大股东按照一定的价格回购未达成目标的股东或激励对象所持有的股权。这种方式较上述的增量方式而言，在实现动态调整上更为直接。但是直接回购意味着将股东已经拿到手的股权再还回去，一般而言，股东或激励对象对于这种调整形式都难以接受，所以往往在实现上有一定的难度，并且容易引发纠纷，需要在前期进行股权细化设计，约定具体的回购情形、回购价格及回购主体。

【实务案例】

深圳某咨询有限公司主要负责人力资源服务业务,公司在引进一位战略合伙人丁某时主要看中丁某背后的商会资源。为了能够成功对接商会的链接渠道,该公司原合伙人同意由大股东向丁某转让共10%的股权,但丁某亦须促使该公司成为商会会员并参与主办商会的多项人力资源活动;若在签署股权转让协议后1年内丁某未履行该义务,则丁某所持有的股权必须由大股东予以回购。

(2)以减资的方式实现对目标股东股权的减少

以减资的方式实现对目标股东股权的减少,是指公司减少注册资本来实现股东的退出。这种方式的好处是其他股东不需要另行筹集股权的购买款,但前提是需要公司其他股东的同意及配合,因为公司减资需要2/3以上表决权股东同意,同时,公司减资的程序比较复杂,需要编制资产负债表、财产清单、公告与债权人协商债务偿还或担保事宜等,并且公司减资还需要进行公告公示,整个周期也比较长。受制于上述因素,公司的减资程序适合股东之间分歧较小且对外债务不多的公司。

【实务案例】

杭州某文化传播有限公司主要负责内容营销及商业广告服务。因为公司在承办一个关键的大项目，项目周期为3年，为保障项目工作的稳定性，公司在实施股权激励时对激励对象的就职年限明确约定必须就职3年以上，若在3年内激励对象离职的，则由公司按照原始出资价回购该激励对象的股权，并办理减资程序。

(3)以公司回购的方式实现对目标股东股权的减少

股东除了以转让股权、减资的方式进行退出之外，《公司法》第七十四条还规定了股东请求公司回购股权的退出方式，该条规定有下列情形之一的，对股东会该项决议投反对票的股东可以请求公司按照合理的价格收购其股权："(一)公司连续五年不向股东分配利润，而公司该五年连续盈利，并且符合本法规定的分配利润条件的；(二)公司合并、分立、转让主要财产的；(三)公司章程规定的营业期限届满或者章程规定的其他解散事由出现，股东会会议通过决议修改章程使公司存续的。"同时该条规定："自股东会会议决议通过之日起六十日内，股东与公司不能达成股权收购协议的，股东可以自股东会会议决议通过之日起九十日内向人民法院提起诉讼。”由此可见,《公司法》在有限公司回购股权的问题上无论是在前提条件上还是在程序规定上,都极为严格。一般情况下有限公司不得自持其股权,因此,有限公司在回购股东股权之后须进行减资程序,这又为这种退出方式增加了复杂性。不过,鉴于对股份公司回购股权的最新专项修订,已经明确可基于股权激励实现公司回购股份,可以由经2/3以上董事出席的董事会会议决议,不必经股东大会决议。公司合计持有的股份数不得超过已发行股份总额的10%,应在3年内转让或者注销。

3 股权动态调整的一个核心原则

企业若要做好股权的动态调整,必须建立在一个核心原则的基础上,即把握好股权动态调整的“铁三角原则”。

○股权动态调整的“铁三角原则”

在股权动态调整设计中,存在一个“铁三角原则”,即从分配、调整、规则三个方面来把握调整的主旨。

第一,分配的公平化。我们通常说,权利与义务相统一。一个人享有多大的权利,他就需要承担多大的义务。比如有限合伙企业中的普通合伙人,他尽管持有合伙企业较小比例的财产份额,但也可以实现对该企业的控制权。而相对应地,他需要对该合伙企

图9-8　股权动态调整的“铁三角原则”

业的债务承担无限连带责任。因此，此处强调的是权力、责任、利益分配的公平化。

第二，调整的人性化。世界上有两种东西无法直视，一是太阳，二就是人性。在公司运营过程中不能规避人性，当然在股权设计时也不能规避人性。在股权的动态调整过程中，须强调人性化，从协调性来说，就是实现付出与回报的协调统一。而一般设置的总协调人，也是从利益局面之外出发，对存在利益关系的合伙人进行调整。

第三，规则的契约化。任何问题想要彻底执行，都要落实到规则上，而规则必须落实到文本上。对于股权的动态调整机制，必须强调细化与量化，在不同情形下以不同的处理方式，并以能测量的数据来实现调整的公平性。

在把握好“铁三角原则”的基础上，深入来看，离开规则谈不上调整。所以，规则的契约化是我们需要重点关注的内容，在这其中我们需要落实调整规则的细化与量化，还需要建立协商讨论机制。

(1)调整规则的细化与量化

A. 调整规则实体上的细化与量化

对企业而言，相关实体资源的投入标准及对激励对象的考核机制的细化、量化程度将是股权动态调整的基础。因此，如果需要对股权结构进行动态调整，我们建议要对相关标准尽可能地进行细化和量化，并建立起相应的考核机制。关于考核机制，公司可根据每年考核指标确定评分系数，并根据评分系数确定分配比例，具体考核指标及评分标准，可以由公司另行制订相应的制度。

B. 调整规则程序上的细化与量化

除了在实体上要对相关资源的投入程度进行细化和量化以外，对股权动态调整的程序也要提前进行细化安排，在具体的程序规则制订上建议应注意以下几点：

首先，明确调整的总协调人，由总协调人负责拟定股权调整标准。而在总协调人的选任上，笔者建议选择对公司人员有充分了解，对全局有一定把控的股东，且该股东不得参与后期股权的动态调整，与各方没有利益冲突关系，这样相对较为公平与客观。

其次，相关的调整标准要经过股东会的审议批准。这是因为股权的动态调整涉及对股东利益的影响，所以相关标准要经过全体股东的讨论，并且相关标准还要经过股东会的审议和批准。

再次，被调整的相关股东，应该根据工作岗位职责及股权调整标准，提交用于自评的工作报告，作为考核的依据。同时，总协调人根据工作报告所反映的工作情况主持会议进行互评，并对最终的调整范围进行确定。

最后，股东会对涉及调整股东的分配条件及分配比例进行审查确认，条件满足后，完成登记等相关程序。

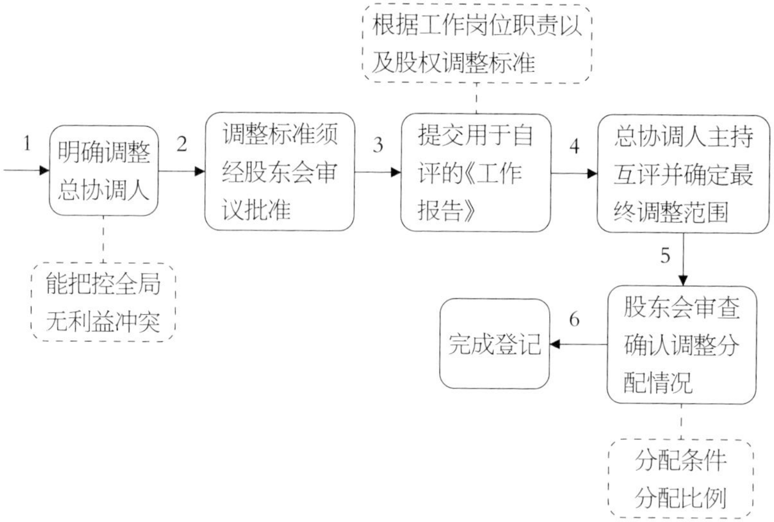

图9-9　股权动态调整的程序

C. 调整规则细化与量化的设计示范

“成熟条款”常见于投资协议中，其中“成熟”一词来源于英文“vesting”，在常用的投资协议中除了译为“成熟”外，也被译为“兑现”或者“释放”。其在投资协议中的一般表现形式为：创始股东和投资人之间进行约定，创始人在投资人进入之后，其所持的股权在所约定的成熟期内逐步“成熟”，在成熟期内可享受分红权和表决权；但是如果要进行转让，只能就已成熟的条款进行转让，未成熟的部分只能以极低的价格转让给投资人。这种形式看上去类似于股权激励中的限制性股权，但究其本质，是一种通过在现有权利上增设权利负担的形式，来实现在不变的存量中进行动态调整。

a. 按工作时间设置成熟条件。在分期成熟的模型下可以按照公司的实际需求来确定股权成熟的条件，最直观、最常见的设置形式为时间，即可在一定时间内平均设置成熟速度。例如，约定的成熟期为4年，每年成熟25%；也可以在一定时间内加速或减速实现股权成熟，如约定成熟期为4年，第1年成熟10%，第2年成熟20%，第3年成熟30%，第4年成熟40%，等等。减速反之。

b. 按项目进度设置成熟条件。因为项目的进度和一些资源的投入有直接的关系，且考虑到一些处于初创阶段的企业或是按照项目制经营的公司，项目的进度是实际控制人或投资人首要关心的内容，所以可以按照项目的进度来对成熟条件进行约定。例如，针对公司的技术开发人员可设置这样的成熟条件，当其完成产品的设计工作后可成熟10%的股权，完成产品的研发并制作出样品后可成熟20%的股权，当产品上市后可成熟30%的股权，最后产品在质保期内没有发生召回或验证缺陷问题的可成熟最后的40%股权。

c. 按融资进度设置成熟条件。如果对公司融资有较高目标的，可按照融资的进度来设置相应的成熟条件，融资的进度可以按照融资的轮数来进行设置。例如，当公司完成A轮融资时可成熟40%，当完成B轮融资时可成熟60%。当然，如果对融资轮数目标不确定的，也可以按照融资的数量来设置相应的成熟条件。例如，当融资500万元时可成熟15%，当融资达到1000万元时可成熟20%，当融资达到5000万元时可成熟30%，当融资达到1亿元时可成熟剩余的35%。

d. 按项目业绩设置成熟条件。按照项目业绩设置成熟条件，是最直观的调整形式，而这种条件的设置在设计上也比较简单，只要约定相应的业绩目标和成熟比例即可。

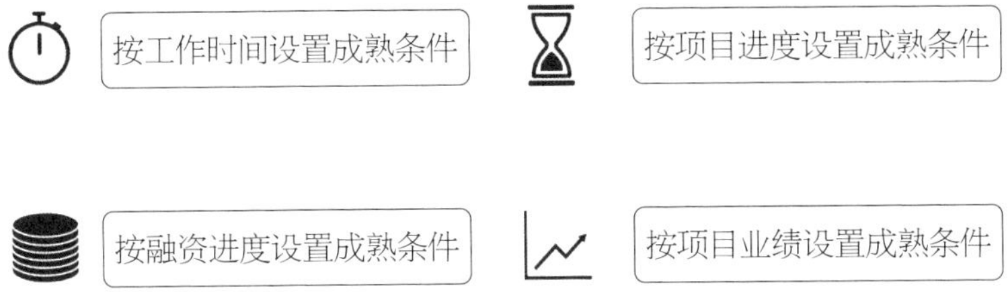

图9-10　股权动态调整的维度示例

（2）建立协商讨论机制

除了细化和量化，股权动态调整的另一个要义在于协商和沟通。股权动态调整是为了让公司更好地发展，而非令公司和股东陷入不必要的纠纷之中，而纠纷的避免很大程度上取决于各方股东对调整机制的接受程度，而接受程度的高低则取决于调整机制的制订有无经过充分协商。

首先，在是否要进行动态调整及以何种方式进行调整的问题上，需要各方达成合意和共识。切忌由大股东单方面决定是否进行股权的动态调整及制订相应的调整规则。

其次，在制订调整标准和考核机制的过程中要充分发挥民主。各方股东要对细化和量化的衡量标准进行充分协商，在标准的制订中完整地听取和采纳各方股东的意见，尽可能地消除各方的不满情绪。

再次,对于调整的比例制订也要进行协商,避免过于偏激的调整方案的制订;在考核过程中也要充分协商,听取相关股东和激励对象关于没有达成目标的原因和看法,考虑其是否合情合理,是否需要进行调整,在怎样的范围内进行调整。

最后,在调整的过程中也要进行充分协商,对于回购或授予的价格要经过双方充分的沟通,避免因此产生的纠纷。

第十章

帐下无师
——法律风险识别缺位

《韩非子·喻老》记载了这样一个故事：扁鹊第一次见蔡桓公，说在他的皮肤中有些小病，不医治恐怕会加重。蔡桓公不以为然，并认为医生就是习惯给没病的人治“病”，以此来显示自己的本领。10天后，扁鹊再次觐见蔡桓公，说病已入肉中，喝汤剂可疗。蔡桓公不理睬。又过了10天，扁鹊再一次觐见蔡桓公，说其已经病入肠胃了，针灸可治。蔡桓公仍未理睬。又过了10天，扁鹊看见蔡桓公，掉头就跑。蔡桓公问其为何，扁鹊说已经病入骨髓，无药可救。5天后，蔡桓公身体疼痛，派人寻找扁鹊，但他已经逃到秦国。最终，蔡桓公病死了。

第十章

帐下无师——法律风险识别缺位

有人说，现在是一个法律和商业结合的时代，商业活动必须在合法的前提下进行，商业活动摆脱不了法律的规范及应用，而法律规范也时时刻刻影响着商业行为，对商业行为进行着评价。

【案例】

法律评价对于商业活动的影响[1]

2007年10月，海富投资决定投资甘肃世恒，并与甘肃世恒及其

① 资料来源：中国裁判文书网，http://wenshu.court.gov.cn/content/content?DocID=f021cf9c-b647-11e3-84e9-5cf3fc0c2c18&KeyWord=甘肃世恒有色资源再利用有限公司#。

关联方签订《增资协议书》，协议约定：本轮海富投资以2000万元人民币对甘肃世恒增资；本协议签订后，甘肃世恒应尽快着手筹备公司改制上市的前期准备工作；同时，甘肃世恒承诺2008年净利润不低于3000万元人民币，如果2008年实际净利润低于3000万元，海富投资有权要求甘肃世恒予以相应补偿，如果甘肃世恒不履行补偿义务，海富投资有权要求其股东香港迪亚履行补偿义务，补偿金额=（1−2008年实际净利润／3000万元）×本次投资金额。

2008年，因有色金属全行业衰退，甘肃世恒的净利润仅为2.68万元。按照对赌协议，海富投资要求补偿，未果，于2009年12月起诉，请求法院判令甘肃世恒、香港迪亚、陆波向其支付协议补偿款1998.2095万元，并承担本案诉讼费及其他费用。

最后，该案经过一审、二审、再审，由最高人民法院判定，在《增资协议书》中，甘肃世恒承担补偿责任的约定使得海富公司的投资可以取得相对固定的收益，该收益脱离了世恒公司的经营业绩，损害了公司利益和公司债权人利益，但迪亚公司对于海富投资的补偿承诺并不损害甘肃世恒及公司债权人的利益，不违反法律法规的禁止性规定，是当事人的真实意思表示，因此该补偿责任的约定是有效的；《增资协议书》中并无由陆波对海富公司进行补偿的约定,海富公司请求陆波进行补偿,没有合同依据。

该案被称为中国对赌“第一案”,这一案件的判决不仅仅提醒了我们公司股东应当遵守法律、行政法规和公司章程,依法行使股东权利,更建立了业绩补偿对赌条款对目标公司无效,对目标公司股东有效的投资界行规。这一判例足以说明,商业活动和法律规范在创业与股权结构设计过程中早已相互影响,融为一体。

○法律知识在股权设计及商业活动中的作用

随着我国市场经济的不断发展,“市场经济”就是“法制经济”的观点已经被许多创业者接纳和认可。而在法律的规范下,如果缺乏对法律知识的了解和应用就极易导致企业陷入法律风险当中。

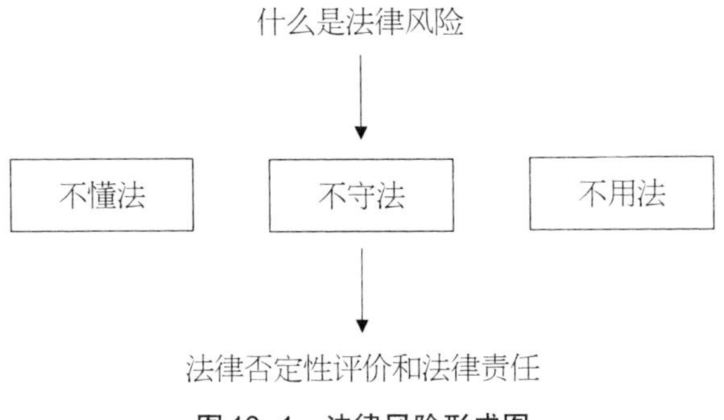

图10-1　法律风险形成图

股权设计同样需要应用法律知识，遵守法律规则。在和客户的交谈中，笔者发现客户其实对自己公司的股权设计都有自己的见解，但部分客户自己所设想的一些方案很难形成合法有效的架构设计，或者在法律上可能会得到否定性的评价，即可能存在相应的法律风险。如果没人及时制止，任由其如此操作，不仅会令公司陷入经营风险，甚至还会产生刑事责任，后果不堪设想。

【案例】

股权设计不合规，法律风险无穷大[①]

据报道，林某杰等人于2015年注册成立广州放飞旅游股份有限公司，以“股权众筹”为名，在网上设立“放飞旅游公司股权众筹平台”销售股权，以投入资金每天可获得2%的利息、介绍会员可以层层收取利息返点的方式，吸引网民投资，并使他们介绍亲戚朋友参与其中，不断用新加入成员的资金维持违法模式的运转。直到资金链断裂，来自全国各地的会员人数高达17000多人，涉案金额高达7亿多元。案发后，我国警方在某国将潜逃在外的主犯林某杰

① 资料来源：凤凰网，http://gd.ifeng.com/a/20170730/5865648_0.shtml。

缉拿归案。

检方审查后认为，广州放飞旅游股份有限公司林某杰、蒲某杰等人通过放飞众筹投资平台以投资公司股权为名，要求参加者在平台内购买股权交易，并设置一定的层级，间接以发展人员的数量作为返利依据，引诱参加者继续发展他人参加，骗取他人财物，其行为已经触犯《中华人民共和国刑法》第二百二十四条的规定，应当以组织、领导传销活动罪追究刑事责任。

类似这样的案例还有很多。很多创始人原本并无犯罪意图，只因法律知识匮乏，将原本出发点好的股权设计、股权激励做成了非法吸收公众存款，甚至是传销活动。由此，我们不难发现法律知识对股权设计及商业活动的重要性。

1 法律风险——脚下深埋的“雷区”

风险之所以被称为风险，是因为风险是一个未来有一定概率发生的事件，且这个事件的发生将会给目标实现带来负面影响。公司在发展过程中无时无刻不与风险并存，法律风险也存在其中。因此，如何防止这些法律风险变成真正的法律障碍、法律危机，成了笔者工作的首要目标。正如有一次笔者和朋友打趣道，律师在开展股权设计工作时，就像工兵在一片雷区中扫雷。律师能做的是，给一个个地雷插上小红旗画好地图，写好指南，并告诉当事人在雷区行走千万要当心，不要踩到地雷上，如果不幸踩到雷，要如何处理将损失降到最低。

○法律风险——创业者脚下的“定时炸弹”

由于法律知识的缺乏，很多创业者设计的商业战略可能存在法律风险，这些风险威胁着企业的生命。

【案例】

法律危机可以击垮巨人[1]

2001年，美国发生了两件历史性事件，一件是无人不知的“9·11”恐怖袭击，还有一件便是美国500强中排名第7的商业巨擘安然公司宣告破产。安然公司曾经是世界最大的能源交易商，2000年的总收入高达1010亿美元，掌控着美国20%的电能和天然气交易，直到破产前，公司营运业务覆盖全球40个国家和地区，共有雇员2.1万人，资产额高达620亿美元。

2001年8月，由于关于安然公司内部违规交易一事被报道，投资者对于安然的疑问越来越多，导致股价下跌。8月9日，安然公司股价已经从年初的80美元左右跌到了42美元。2001年10月16

---

①资料来源：新浪网，http://finance. sina. com. cn / zl / insurance / 20130712 / 140016105804.shtml。

日，安然发表季度财报，宣布公司亏损总计达到6.18亿美元，即每股亏损1.11美元。同时透露因首席财务官安德鲁·法斯托与合伙公司经营不当，公司股东资产缩水12亿美元。

2001年10月22日，美国证券交易委员会要求安然公司自动提交某些交易的细节内容，并于10月31日开始对安然及其合伙公司进行正式调查。

2001年11月8日，安然被迫承认做了假账，虚报数字让人瞠目结舌：自1997年以来，安然虚报盈利共计近6亿美元。当月30日，安然股价跌至0.26美元，市值由峰值时的800亿美元跌至2亿美元。

2001年12月2日，安然公司正式向法院申请破产保护，破产清单中所列资产高达498亿美元，成为美国历史上最大的破产企业。

在激烈的市场竞争下，企业经营者为了赢得商机和巨额的利润，可能会产生违规经营甚至是违法经营的冲动，但是由此所产生的企业法律风险一旦转化为法律障碍或是法律危机，将直接对企业产生毁灭性的打击。正如案例中所介绍的安然公司一样，即便是全球顶级企业，在巨大的法律危机面前也一样脆弱。同样，还有笔者在前面介绍过的“聚美优品”的案例，当“聚美优品”在美国上市陷入“假货门”后，这家一度受华尔街热捧的“中国概念股”瞬间大跌，最后不得不试图进行私有化退市。

通过这些案例，我们不难看出法律风险具有如下几个特点：

第一，可认识性。法律风险不同于其他风险，由于法律风险来自对规则的违反，而规则又具有一定的稳定性，所以法律风险完全是可以被认识的，是可防可控的。

第二，专业性。由于法律知识具有一定的系统性和专业性，所以在对法律风险的认知、解决方案的制订和风险的防范上都需要具备一定的专业性，需要系统性地获取专业知识或者借助专业人士来完成。

第三，破坏性。法律风险转化为法律危机或法律障碍后都将对公司造成直接的破坏，由此导致损失的产生；且相较于其他风险而言，法律风险具有一定的连贯性，其连锁反应为企业带来一系列伤害。

第四，不可投保性。相较于火灾、自然灾害、事故等经营风险，法律风险不具有偶然性，且后果不可控，因此不能通过投保等方式对冲风险，具有不可投保性。

○法律风险的成因

“冰冻三尺，非一日之寒”，法律风险的产生也有非常多的原因,而常见的原因包括以下几个。

第一,违法行为。违法风险产生于企业的违法行为,即对法律规定或政策的直接违反。这通常是公司的股权设计方案或经营方案设置本身违法所致。如笔者在前文中所介绍的广州放飞旅游股份有限公司的案例。由于该公司所制订的“众筹计划”从一开始就违反了刑法的规定,所以产生违法风险是必然的。除了方案设置本身违法外,相关股权设计方案的事实存在违法行为,或者由于法律变迁引起违法行为的发生也是违法风险形成的原因之一。

第二,法律不确定性。由于法律会随着社会的发展不断调整,所以,制订好的股权设计方案如无法根据法律的变迁而变迁,也会导致法律风险的产生。

第三,流程缺失。流程缺失,是指在股权设计方案实施的过程中所产生的程序性问题,如股权设计方案的制订与执行虽然都没有违反法律,法律在股权设计方案的落实期间也没有调整,但是公司在方案执行过程中没有及时保存相关证据,导致证据的缺失或扭曲,如果产生股东纠纷,必将引起相应的法律风险。

2 识别风险，避免危机爆发的第一步

○股权设计中常见的法律风险

说到股权设计中常见的法律风险，本书已经通过案例分析的形式解读了10种高发的风险点。如果对这10种情况再做一个总结和归纳，那股权设计的法律风险往往频发于这3个环节。

第一，进入机制。

进入机制的重要性不言而喻。现在的创业者往往极为关注这个部分，因为进入机制的设计包含了股东的出资金额、出资的形式及出资的时间和周期。笔者认为，相较于资金的到位，为避免股权设计法律风险的爆发，更需要注意股东的权利、责任、利益是否相匹配。

第二,议事规则。

笔者认为,公司议事规则的设计,主要要从公司的“三会一层”出发,即公司的股东会、董事会和监事会,以及公司的高级管理层如总经理、财务总监等。在设计的内容上可以考虑从“三会一层”的职权、议事方式上着手进行。

关于“三会一层”的职权,《公司法》有详细而具体的规定,但需要提请注意的是对于股东会的职权设定,《公司法》第三十七条所列举的前10项股东会职权只能由股东会享有,如果将这些职权中的部分职权设立在董事会、执行董事或者高级管理层的层次是有违《公司法》规定的。而对于股东会、董事会、监事会和公司的高级管理层,《公司法》规定了公司章程可约定其他职权,这为议事规则的设计提供了一定的空间。

第三,退出机制。

关于退出机制,详见本书第七章。

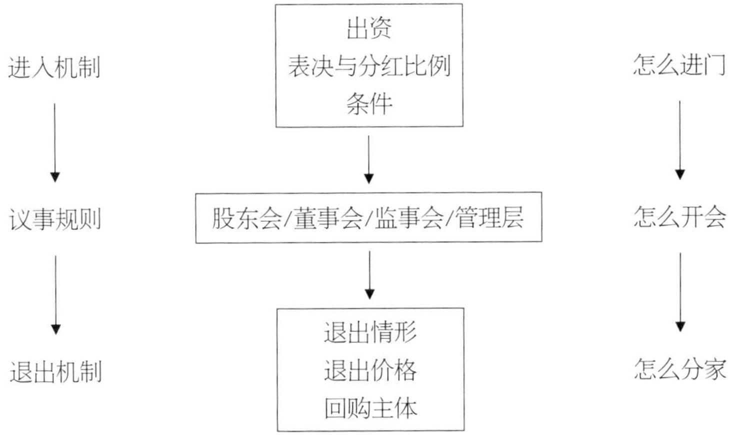

图10-2　风险点频发的3个环节

○股权设计中法律风险的识别与评估

能够有效地识别股权设计中常见的法律风险仅仅是避免危机爆发第一步,法律风险的评估分析同样是避免法律危机爆发的重要环节。通常情况下,对于股权设计中法律风险的识别与评估,笔者认为应当按照以下流程进行。

第一,股权设计法律风险调查。

正如前文所述,法律风险是由违反法律制度规则行为所引起的风险,法律风险必须以法律本身的规范内容作为衡量标准。因此,笔者认为,在进行股权设计前必须对目标公司所处行业的相关法律法规进行全面的收集与了解,以判断股权设计的环境法律风险。此外,笔者认为,在开展股权设计前还应当进行股权设计的专项尽职调查,对公司历史上所签订的全部公司章程、股东协议、股权转让协议、增资协议、投资协议、合作协议等法律文件进行全面的审查与评估,这对于之后的法律风险的识别和评估至关重要。

第二,股权设计法律风险的识别。

法律风险的识别是指对尚未发生的、潜在的各种法律风险进行系统性、连贯性的认识和归纳,并分析法律风险的成因。在股权设计的法律风险识别上,笔者通常建议公司委托有丰富股权设计经验的律师执行,或者系统性地获取专业知识,因为法律风险的识别程度与设计者的法律知识的掌握能力、资料和信息的掌握程度及相关经验的养成等有着密不可分的联系。

第三,股权设计法律风险的定性及定量分析。

在识别股权设计中相应的法律风险后,需要评估者对相关风险进行系统性的分类,也就是对相关风险进行定性,并对其发生的概率、变动方向、损害程度的大小进行定量评估。有句话说得好,“凡是你不能测量的东西,你就无法管理”。股权中的法律风险同样如此,对于相关法律风险的定量需要结合风险的来源及性质等进行综合考虑。

第四,股权设计法律风险的分级管理。

虽然一份股权设计方案对公司运营过程中的法律风险的预防具有十分重要的作用,但是由于公司的不断发展和外部法律环境的不断变化,股权设计方案无法解决全部的法律风险,且在公司的不同发展阶段,不同的法律风险发生的概率和公司的承受能力也

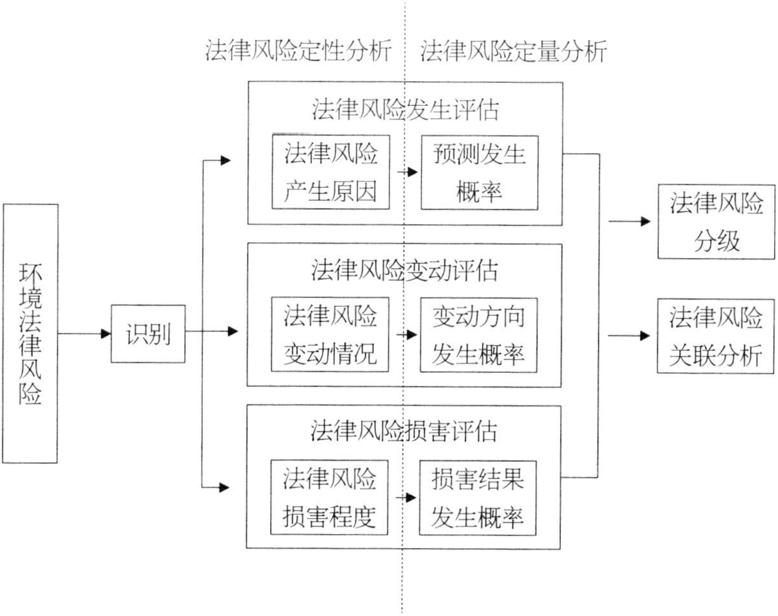

图 10-3　法律风险的识别与评估

不尽相同。比如,一家公司在初创阶段,股权代持的风险相较于一家马上就要上市的公司来说就完全不同。同样,AB股的设置在现有的法律体系下,对于有限责任公司是完全可行的,但是对于股份有限公司而言就会获得法律的否定性评价。因此,公司在不同阶段,必须依据法律风险的严重性、发生的频率及概率等因素进行评级,并在当前阶段优先考虑解决评级高的法律风险。

3 防范风险，比不懂法更可怕的是不用法

○利用规则是为了减少股权设计风险

从前有一个犹太人，带着家中的一头牛和一只鸡去集市，想把它们卖掉。在去集市的路上，要过一条河，犹太人划着船准备到对岸去。就在船行到河中央的时候，突然起了风浪，船马上就要翻了。犹太人在毫无办法的情况下只能向上帝祈祷："上帝啊！您如果能让我平安过河，我将把卖牛的钱全捐给教会！"

上帝听到后，就救了他，犹太人平安地过了河。这样，犹太人将面临一个选择，卖牛的钱是捐还是不捐？如果不捐，那将是对上帝的不恭，可能会受到上帝的惩罚。如果捐，一年的生活就没了着

落,老婆和孩子怎么办?再三思索后,犹太人决定信守诺言。当时按照市场价值,一头牛可以卖2000元,一只鸡可以卖50元,于是他决定牛只卖20元,但有个条件,必须一起买价值2000元的鸡。因为这样交易的总价要比市场价低了30元,所以犹太人很快就出手了。之后,犹太人向教堂捐出了卖牛的20元,拿着剩余的2000元钱回家了。

在谈起使用规则保障自身利益时,很多律师都会讲到这个故事。在这个故事中,犹太人并未违反和上帝的约定,在没有违反规则的情况下,利用规则中的“漏洞”,将自己的损失降到了最低。股权设计亦是如此,笔者此前提到过,股权设计就是一个关于规则的游戏,股权设计的好不仅在于单纯的持股比例的分配,更在于利用相关法律规定来实现规则的设计和应用。

○如何在股权设计中巧妙地应用法律和规则

笔者在前文中介绍过通过《公司法》的规定,将分红权、表决权等分离设计,通过AB股的形式来扩大控制权的方式,这就是典型地通过法律和规则实现股权设计的案例。事实上,类似这样的操作模式还有很多。比如,可以利用有限责任公司的组织形式或有限合伙企业特殊的制度安排，来降低控制权的实现成本。

合理的持股平台与多级股权架构的设计具有“四两拨千斤”的奇效，即以较小的股权掌握公司的实际控制权或最大限度地提高股权激励的效率，在减少股权变动对公司的影响的同时隔离相关风险。

在前文中笔者提到，实际控制人要绝对控制一家目标公司需要持股67%以上，而想要相对控制一家公司也要控制该公司51%以上的股权。所以，如果不设计多层级的股权架构，实现控制权的成本相应较高。通过持股平台的多级股权架构，能有效地降低控制权的实现成本。

如图10-4，如果不设立多层级的股权架构，实际控制人为了实现对目标公司的相对控股，必须持有公司51%的股权，即出资510万元，且如果后期需要吸引投资人或其他股东或有意进行股权激励，无论是以增资还是以股权转让的形式，其控制权都将受到威胁。

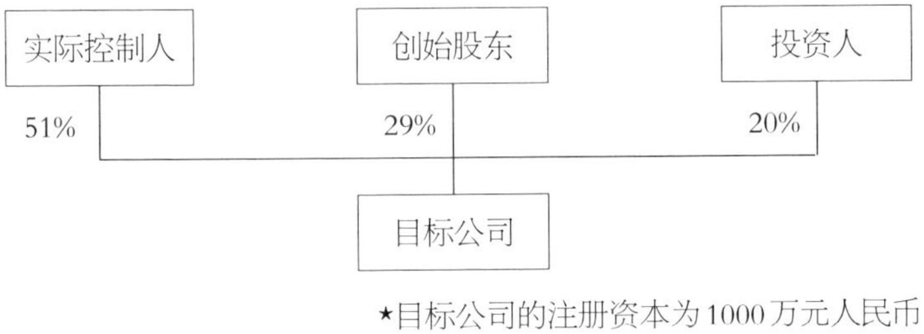

图10-4　直接持股的简单股权设计

但是通过有限公司持股平台的多层级设计，该实际控制人掌控了持股平台的相对控制权，以直接持股或间接持股的方式共持有公司33.36%的股权比例实现对该公司的相对控制，即只需出资333.6万元，同时还可预留出部分股权用于股权激励和吸引投资人及新股东。(如图10-5)

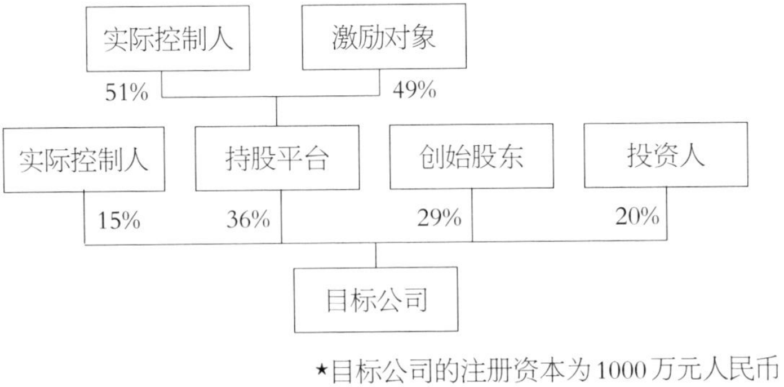

图10-5　有限公司持股平台的多层级股权设计

更进一步，如果采用有限合伙企业持股平台的多层级股权设计，由于有限合伙企业控制权方式的实现有别于有限责任公司，所以该实际控制人将可以仅持有18.6%的股权，即只需出资186万元，甚至是更少的股权比例及出资，来实现对该公司的相对控制。(如图10-6)

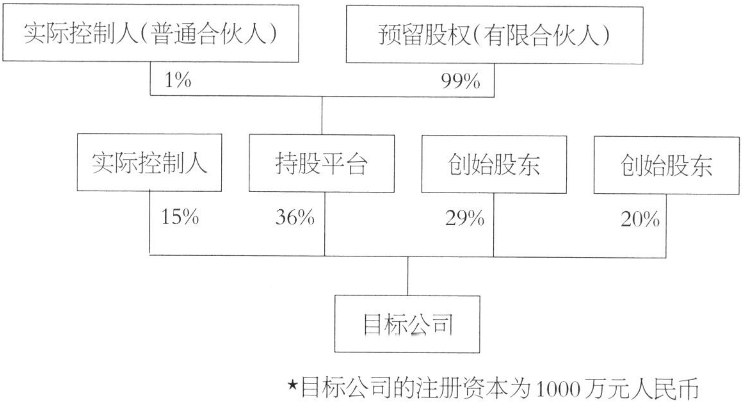

图10-6　有限合伙企业持股平台的多层级股权设计1

由此可见，多层级的股权架构对于降低控制权的实现成本有着重要的作用。

笔者发现，目前许多公司在直接持股的一级股东当中都没有自然人股东，所有的自然人股东都采取了间接持股的形式。笔者认为，这种完全的通过持股平台进行间接持股的方式并不利于控制权的实现，主要原因在于实际控制人并未直接在目标公司中持股，如果其丧失了对持股平台的控制权，将失去对目标公司的控制权；同时，其和目标公司并无直接持股关系的情况，将导致该实际控制人甚至连股东知情权都无法行使，这将不利于其控制权的实现。

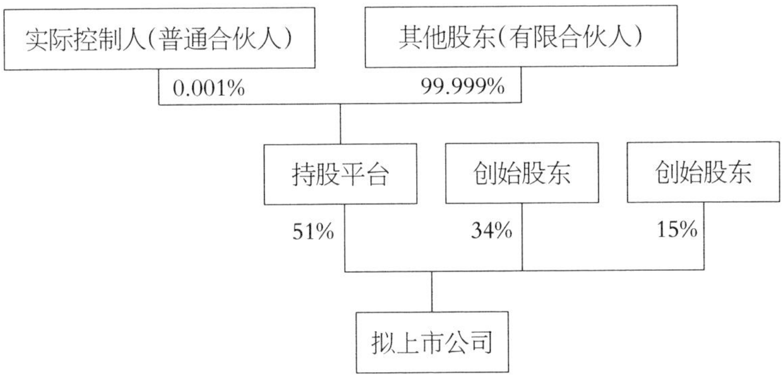

图10-7　有限合伙企业持股平台的多层级股权设计2